# 우리 아이 유치원 보내기

유치원 입학교 예절부터
유치원 생활까지
초보맘 부모들이 꼭 알아야 할
유치원의 모든 것

정유진 지음

생각의집

# 차례

# 서문

우리 아이를 어느 유치원에 보낼까? 유치원에서는 어떻게 생활하고 무엇을 배울까? 부모로서 어떻게 하는 것이 우리 아이에게 도움이 될까? 이와 같은 궁금증은 유아기 자녀를 둔 모든 부모의 고민입니다. 우선, 영아기 육아의 외롭고 긴 터널을 지나온 대한민국의 모든 부모님께 축하드립니다. 이제 다시 새로운 시작입니다. 행복한 유아기를 향해 출발하는 여러분들을 응원합니다.

유치원 시기의 중요성은 강조하지 않아도 모두가 잘 알고 있습니다. 아이의 정서적, 사회적, 신체적, 인성과 창의성 발달이 조화롭게 이루어져 우리 아이 삶의 튼튼한 기초를 마련하는 시기입니다. 내 아이에게 맞는 유치원을 선택하고, 우리 아이가 유치원에 즐겁게 다닐 수 있도록 부모가 도와준다면 아이는 자신만의 꽃을 더욱 활짝 피우게 될 것입니다.

이 책은 유치원에 아이를 보내야 하는 시기의 부모님들을 비롯해 이미 유치원에 아이를 보내고 있는 부모님들께 조금이라도 도움이 되고자 쓰게 되었습니다. 유치원을 선택할 때에는 주변 사람들로부터 전해 들은 막연한 정보를 바탕으로 선택하는 경우가 많습니다. 그런데 다른 아이에게 좋은 유치원이 내 아이에게 좋은 유치원이라고 장담할 수는 없습니다. 우선 내 아이의 성향을 잘 파악하고 그다음 각 유치원의 장단

점, 특징 등을 정확히 알 필요가 있습니다. 이미 아이가 유치원에 다니고 있다면 우리 아이가 생활하고 있는 현실에서 크고 작은 문제들을 해결하고 바른 방향으로 걸어가도록 하는 것이 부모의 역할입니다. 한 교실에는 여러 명의 유아가 단체로 생활하고 있습니다. 이런 유치원 생활에 대한 이해를 높이고 다양한 상황 속에서 일어나는 여러 가지 문제를 아이의 성향에 맞게 적절히 대처할 때 아이는 만족스러운 유치원 생활을 할 수 있습니다.

이 책에는 다양한 유치원에 대한 정보, 유치원 선택 기준, 유치원 입학 준비, 부모들이 궁금해하는 유치원에서의 생활, 유치원의 일상생활에서 일어나는 문제들과 그에 따른 해결 방법, 유치원 시기를 잘 보내기 위한 부모의 역할, 다양한 부모 상담 예시 등의 내용을 담고 있습니다. 유치원 시기의 자녀를 둔 부모님들께 유치원에 대한 이해와 다양한 상황에 대한 올바른 지도 방법은 내 아이가 유치원 생활을 원만하게 해나갈 수 있는 가이드라인이 될 수 있을 것입니다.

저는 공립 유치원과 사립 유치원 모두 근무해 본 경험이 있는 현직 유치원 교사입니다. 또한 두 아이를 유치원에 보내 본 엄마이기도 합니다. 이 책은 교사로서, 엄마로서 유치원에 대한 경험을 바탕으로 쓰였습니다. 제가 16년 넘게 부모님들과 소통하며 알게 된 점은 모든 부모님들이 내 아이가 잘 자라기를 바라는 간절한 마음을 가지고 있다는 것입니다. 하지만 그 간절한 마음만큼이나 육아라는 망망대해에서 어느 쪽이 옳은 길인지 모르는 막막함과 두려움, 우리 아이가 잘 지내고 있는지에 대한 불안함도 함께 가지고 있었습니다. 그래서 이 책을 통해 5세~7세 유치원 자녀가 있는 여러분께 제가 유치원에 대해 경험하고 알고 있는 것을 함께 나누고 싶었습니다.

아이들이 유치원에 다니는 시기는 부모님들이 책 한 권 읽을 시간조차 없는 치열하고 지친 시기라는 것을 잘 압니다. 하지만 아이에게는 유치원에 다니는 몇 년의 시간이 향후 몇십 년의 인생을 좌우하기에 조금 더 힘을 내시라고 말씀드리고 싶습니다. 이 책이 내 아이의 올바른 성장을 향한 열정과 갈증을 가진 여러분에게 도움이 되기를 바라는 마음이며 귀댁의 자녀들이 건강하고 행복하게 자라나기 바랍니다.

2021년 10월

정유진

**1장**

내 아이의 유치원,
어떻게 선택할까?

# 어떤 유치원이
# 좋은 유치원일까?

　　매년 가을부터 겨울 사이가 되면 아이의 유치원을 선택해야 하는 부모님들의 고민이 적지 않습니다. 사랑하는 아이를 위해 최고의 선택을 해주고픈 당연한 마음입니다. 유치원 선택은 정말 중요합니다. 유치원 환경은 우리 아이 유아기의 성장에 많은 영향을 주기 때문입니다.

　　아이들의 유치원 시기는 한 사람의 삶에 대한 기초공사를 하는 시기라고 볼 수 있습니다. 즉, 모든 **발달의 기초를 형성**하고 **삶을 살아가는 태도를 형성**하는 시기입니다. 이렇게 형성된 발달의 기초 토대와 삶에 대한 태도는 유치원 시기 이후 평생에 영향을 줍니다. 지식은 추후에 언제든 더 넣을 수 있지만, 삶의 기초를 만드는 바탕과 태도는 한 번 형성되면 유아기 이후에는 바뀌기 힘들기 때문에 유아기에 바르고 단단한 삶의 기초를 만드는 것이 중요합니다.

　유아기가 지난 후에는 유아기에 만들어진 삶의 기본 틀이 변화하기 힘듭니다. 하지만 유아기에는 어떠한 문제점이 나타나거나 잘못된 행동을 할 경우, 적절한 교육을 통해서 변화할 수 있습니다. 즉, 부모, 선생님, 아이의 경험 등 환경적 요인에 의해서 아이를 바람직한 방향으로 바꿀 수 있다는 뜻입니다. TV 프로그램 '금쪽같은 내새끼'에서 볼 수 있듯 유아기 아이들은 주변 사람들의 말과 행동이 바뀌면 잘못된 행동이 바람직한 행동으로 쉽게 변화됩니다. 따라서 유아기가 지나기 전에 평생의 기초가 될 기본 습관과 태도, 바람직한 인성을 길러주는 것이 중요함을 꼭 기억해 주세요.

　유아들에게 가장 영향을 주는 환경이 가정과 유치원입니다. 유치원 시기 이전에는 가정에서 엄마와의 애착 관계가 가장 중요했습니다. 이를 바탕으로 이제 유치원이라는 조금 더 넓은 사회에 첫발을 디디게 됩니다. 부모님들도 가정이나 어린이집에서 육아를 해오다 이제 유치원과 선생님과 함께 발맞추어 우리 아이의 교육적 성장과 성숙을 위해 노력을 시작합니다. 내 아이에게 교육적으로 좋은 영향을 줄 수 있는 유치원을 선택해서 최선의 효과를 위해 함께 노력할 때 우리 아이는 몸과 마음이 건강한 어린이로 자랄 수 있습니다.

유치원에서는 **무엇을** 하는지보다 **어떻게** 하는지가 더 중요합니다. 무엇을 하든 아이가 삶의 주체로서 스스로 생각하고 판단하고 행동하는 것이 중요하지요. '무엇'을 얼마나 해냈는지의 '결과'보다는, '무엇'을 어떤 '과정'을 거쳐 해나가느냐가 중요합니다. 예를 들어 꽃 그림을 그린다고 생각해 봅시다. 한 아이는 선생님이 꽃을 그리는 방법과 꽃의 색을 알려주어 선생님이 알려주는 대로 완성도 있는 작품을 그렸습니다. 다른 아이는 밖에 나가서 자신이 그리고 싶은 꽃을 찾고, 그 꽃을 다양한 방법으로 관찰하고, 색연필로 그릴지 연필로 그릴지 등을 결정합니다. 자신이 관찰하고 느낀 대로 꽃을 그리고 완성하였습니다.

전자와 후자 모두 꽃 그림을 그렸고, 결과물만 비교하면 전자가 더 우수할 수도 있습니다. 하지만 유아들에게 필요한 교육은 어느 쪽일까요? 전자의 경우 유아는 시키는 것을 잘 해내려고 애쓰는 수동적인 존재입니다. 지시한 대로 잘되지 않으면 불안함을 느끼고, 그림을 그리다가 정해진 대로 잘되지 않으면 종이를 다시 달라고 하기도 합니다. 후자의 경우는 자유롭게 자연을 탐색하며 자연의 아름다움을 느끼고, 자신이 그림으로 그릴 꽃을 고르며 내가 좋아하는 것을 선택해 보는 경험을 가집니다. 꽃을 그림으로 표현하기 위해 서툴지만 자신만의 방법을 생각해 낼 것입니다. 후자의 결과물은 그것을 설명해 주지 않으면 꽃인지 알아보기도 힘들 수 있지만 아이가 그린 꽃 이야기에 집중하고 들어주며 지지해 주고 반응해 주면 아이들은 자신감과 성취감도 느끼겠지요.

이처럼 유치원에서는 무엇을 하든 유아들이 주체적으로 행동할 수 있는 분위기가 주어지는 것이 중요합니다. 유아들은 그 속에서 능동적이고 긍정적인 경험을 하며 세상을 배워갑니다. 유아들은 이러한 과정을 통해서 자연스럽게 삶의 태도를 형성합니다.

### 유아기에는

1. 자신의 소중함을 알고 몸과 마음이 건강한 생활을 실천하는 태도
2. 자신의 일을 스스로 해결하는 기초 능력
3. 탐구심을 갖고 자신의 생각을 자유롭게 표현할 수 있는 창의력
4. 일상생활에서 아름다움을 느끼는 문화적 감수성
5. 사람과 자연을 존중하고 배려하며 소통하는 태도

위의 5가지는 유치원 교육에서 꼭 길러야 할 덕목이라고 할 수 있습니다. 이런 것들은 외부로부터 지식을 습득하면서 배워지는 것이 아닙니다. 유치원의 일상생활 속에서 자연스럽게 습득되는 것이지요. 그러한 이유로 유치원에서는 아이들에게 반드시 가르쳐야 할 지식이나 교과서가 없습니다. 지식은 초등학교 이후부터 평생 배워나갈 것입니다. 아직 이성적 사고가 발달하지 않은 유아들은 주어진 지식보다는 다양한

놀이 경험을 통해서 배움이 일어납니다. 아이들은 직접 **보고 만지고, 탐구하고 도전**하며 세상을 배워 나갑니다. 유치원에서 사랑과 존중을 받으며 내가 괜찮은 사람이라는 인식도 가지게 됩니다.

자기중심적인 사고 때문에 처음에는 내가 세상의 중심이지만 다른 친구들과 함께 지내는 경험을 통해 타인에 대한 인식도 생겨납니다. 친구와 의견의 불일치도 겪으며 나와 너, 우리가 함께 잘 지내는 법도 익히게 됩니다. 이것이 유치원 교육과정에서 '놀이'를 중요하게 여기는 이유입니다. 최근에는 아이들에게 다양한 경험을 하게 해 준다는 핑계로 유아를 수동적으로 만드는 수업들이 많아졌습니다. 무엇이든 안 하는 것보다 하는 것이 더 도움이 될 것 같은 생각이 들기도 하지요. 하지만 우리 아이가 언제 가장 즐거움을 느끼고 몰두하는지, 그리고 바로 그때가 우리 아이에게 진정한 배움이 일어나는 순간이라는 것을 기억하는 부모가 되세요.


## 좋은 유치원은
## 내 아이에게 잘 맞는 유치원

좋은 유치원은 내 아이에게 잘 맞아서 우리 아이의 교육적 성장을 이끌어 줄 수 있는 유치원입니다. 그런데 유치원은 모두 유치원이라 불리지만 제각각 장점을 내세우며 다양한 종류로 나누어집니다. 유아들도 개별적인 특성이 다르고 성향도 다릅니다. 각 가정에서 추구하는 교육적 중점도 다릅니다. 그러므로 절대적 기준으로 좋은 유치원을 구분하기는 어렵습니다. 이 유치원에 보내기만 하면 우리 아이가 잘 자라는 그런 곳은 없습니다. 또 옆집 아이에게는 더없이 좋은 유치원이 우리 아이에게는 그렇지 않을 수도 있습니다. 따라서 어느 유치원이 우리 아이에게 잘 맞을지, 부모의 교육철학과 잘 부합할지 생각해 보고 가장 적합한 유치원을 고르는 것이 중요합니다. 그리고 어떤 유치원을 선택하든 유치원에서 전적으로 도맡아서 우리 아이를 잘 길러주는 것도 아닙니다. 가정과 유치원 그리고 유아가 함께 맞물리며 서로 협력할 때 우리 아이의 올바른 성장이 이루어집니다.

내 아이의 성향과 부모의 교육철학을 고려하여 유치원을 정하겠지만 좋은 유치원이라면 기본적으로 갖추어야 할 조건이 있습니다.

먼저, **우리 아이가 존중받고 사랑받는 곳**이어야 합니다. 아이들을 하나의 인격체로 존중해 주고 듬뿍 사랑해 주는 곳이 좋습니다. 존중과 사랑을 받고 자란 아이들이 다른 사람을 존중하고 사랑할 수 있는 사람으로 성장합니다.

다음으로는 **아이의 마음이 편안하고 즐거운 곳**이어야 합니다. 유아들의 능동성과 자율성을 보장받는 놀이 환경 속에서 유아들은 안정감과 즐거움을 느끼게 됩니다. 아이들의 마음이 불안하지 않고 편안해야만 교육적인 효과도 나타날 수 있습니다.

마지막으로 **따뜻하고 밝은 분위기**의 유치원이면 더욱 좋습니다. 여러 곳의 유치원을 방문하거나 설명회에 가게 되면 유치원마다 분위기가 조금씩 다른 것을 느낄 수 있습니다. 분위기가 온화하고 편안한 느낌의 유치원이 좋습니다. 따뜻한 느낌이 들고 밝은 느낌이면 더욱 좋겠지요. 유치원의 분위기가 그러하다면 선생님들이나 아이들도 그 분위기에 동화되기 마련입니다. 우리 아이가 생활할 공간이기에 활기차고 긍정적이며 밝은 느낌의 유치원을 선택하시는 것이 좋습니다.

하지만 현실적으로 생각해 보면 이러한 기준을 알고 있다 해도 유치원에 대해 단번에 판단하기는 어렵습니다. 유치원의 성격이나 분위기가 잘 드러나지 않을 수도 있고요. 하지만 어떤 유치원이 좋은 유치원인지 기본적인 방향과 조건 등을 알고 있는 것과 모르는 것은 많은 차이가 있습니다. 아는 만큼 보인다는 말처럼 유치원을 선택할 때에는 다양한 정보와 기준들을 숙지할 필요가 있습니다.

다음 장에 이어지는 유치원의 설립에 따른 종류, 다양한 유치원 프로그램, 놓치기 쉽지만 반드시 살펴보아야 할 항목들을 참고하여 유치원 선택에 필요한 조건들을 참고해 보세요. 내 아이의 성향을 파악하고 부모님들이 본인만의 가장 중요한 기준을 정한 후 그 기준으로 탐색해 본다면 유치원 선택이 훨씬 수월하게 느껴질 것입니다.

# 내 아이의
# 첫 유치원 선택 기준

내 아이에게 맞는 좋은 유치원을 선택하기 위해서는 유치원의 종류와 그에 따른 특징을 알아볼 필요가 있겠습니다.

## [기준 1]
## 공립 유치원 VS 사립 유치원

유치원은 **설립 경영의 주체**에 따라 크게 **국공립 유치원과 사립 유치원으로** 나뉩니다. 국립유치원은 전국에 3개가 있습니다. 한국교원대학교 부속유치원, 공주대학교 사범대학 부속유치원, 강릉원주대학 부속유치원입니다. 이 세 곳의 국립유치원을 제외하고는 모두 공립 유치원과 사립 유치원으로 나뉩니다. 공립 유치원은 단설 유치원과 병설 유치원이 있고, 사립 유치원은 법인 유치원과 개인이 설립의 주체인 사립 유치원이 있습니다.

## 공립·사립 유치원의 종류와 시설

| 구분 | 공립 유치원 | | 사립 유치원 | |
|---|---|---|---|---|
| | 단설유치원 | 병설유치원 | 법인 유치원 | 사인 유치원 |
| 설립, 경영의 주체 | 각 시도 지방자치단체에서 설립, 운영 | | 법인이나 개인이 설립, 운영 | |
| 시설 | 별도의 부지에 유아들을 위한 독립된 건물과 시설을 구성하여 운영하는 형태 | 초등학교 건물에 함께 있으며 작게는 1학급에서 많게는 3~4학급 정도의 규모로 운영되는 유치원. | 창립자가 자신의 건물을 활용해 유아들을 위한 독립된 시설에서 운영함. | |

## 선생님들은 어떻게 다른가요?

유치원에서 근무하시는 모든 선생님은 공립이든 사립이든 모두 유치원 정교사 자격증이 있습니다. 다만 공립 유치원 선생님들은 유치원 임용고시에 합격한 선생님입니다. 원감, 원장 선생님도 공립과 사립에 차이가 있으니 다음 표를 참고해 주세요.

| 구분 | 공립 유치원 | | 사립 유치원 |
|---|---|---|---|
| | 단설유치원 | 병설유치원 | |
| 교사 | 유치원 정교사 2급 자격증(대학교 유아교육 전공)을 보유한 사람 중에서 유치원 임용고시에 합격한 교육공무원으로 초중등 교사들과 동등한 대우를 받음 | | 유치원 정교사 2급 자격증(대학교 유아교육 전공)을 보유하고 각 사립 유치원의 교사 채용에 응시하여 선발됨 |
| 원감 · 원장 | 공립 유치원 교사 경력 20년 이상 정도에 다양한 점수(대학원, 연구대회, 부장교사 경력 등)를 합산하여 선발됨. 원감, 원장 자격을 얻게 되면 주로 단설유치원으로 발령 남 | 초등학교 교감, 교장 선생님이 유치원 원감, 원장 선생님을 겸임함 | 교사 경력이 쌓이면 정교사 1급, 원감, 원장 자격을 얻을 수 있음. 하지만 원감 자격을 가진다고 해서 원감 선생님이 되는 것은 아님. 유치원마다 현재 원감 선생님이 있기 때문에 유치원 원장, 창립자의 재량과 유치원 상황에 따라 결정됨 |
| 기타 | **부담임교사** : 지역에 따라 다르지만 공립 유치원에서는 담임교사 외에 부담임교사가 없는 경우가 대부분임<br>**방과후 전담사** : 교육청에서 일괄 선발, 각 유치원으로 배치해줌 | | **부담임교사** : 유치원에 따라 다르지만 부담임교사가 있는 경우가 더 많음<br>**방과후 교사** : 각 유치원에서 자체 채용 |

 공립 유치원의 경우 입학금과 기본 교육과정 수업료가 없습니다. 공립 유치원의 원비는 방과후과정(종일반) 비용을 뜻합니다. 방과후과정은 유치원에 따라 금액이 다르지만 대게 5만 원 ~ 10만 원 내외입니다. 유치원에 따라 외부 강사 선생님이 몇 번 오는지, 어떤 과목을 하는지, 어떤 교재를 사용하는지에 따라 금액이 달라집니다.

 공립 유치원의 경우 재정의 대부분을 나라에서 지원받기 때문에 부모님들이 부담하는 금액은 매우 적은 편입니다. 사립 유치원의 경우 유치원마다 수업의 종류가 다르고 수업료도 편차가 많습니다. 예를 들어 영어수업을 강화하는 유치원에서 원어민 수업이 추가되면 교육비 금액도 더 높아지겠지요. 기본 교육과정과 방과후과정 수업료를 합산하여 최소 20만 원대부터 많게는 50만 원대 이상인 곳도 있습니다.

| 구분 | 공립 유치원 | | 사립 유치원 |
|---|---|---|---|
| | 단설유치원 | 병설유치원 | |
| 입학금 | 없음 | 없음 | 5만 원~10만 원대로 점차 없어지는 추세 |
| 기본 교육과정 수업료 | 0원 | 0원 | 약 10만 원~20만 원 |
| 방과후 과정 수업료 | 약 10만 원 내외 | 5만 원~10만 원 | 약 10만 원~20만 원 |
| 기타 | 가방 제공, 원복은 없는 경우가 많고 체육복이나 티셔츠를 유치원에서 제공하기도 함 | 가방 제공, 원복은 없음. 학급 티셔츠는 유치원에서 제공하는 경우 있음 | 원복, 체육복 등 의류비나 준비물 비용이 추가될 수 있음 |
| 총합계 | 10만 원 내외 | 5~10만 원 | 약 20~50만 원 이상 |

※ 위의 표는 유치원 종류별로 대략적인 교육비를 나타낸 것입니다.
자세한 교육비는 해당 유치원에 문의하는 것이 정확합니다.


운영 방법은 어떤 차이가 있나요?

　　공립 유치원과 사립 유치원의 운영 방법 차이를 살펴보겠습니다. 공립의 경우 단설유치원과 병설 유치원은 둘 다 공립 유치원이지만 시 설부터 운영까지 차이가 있기 때문에 구분해서 정리해 보았습니다. 다음의 표는 유치원 종류별로 운영 방법의 이해를 돕기 위해 대략적인 범 위로 비교해 보았습니다. 정확한 정보는 각 유치원 홈페이지, 전화 상담,

방문 상담 등을 통해 자세히 확인할 수 있습니다.

| 구분 | 공립 유치원 | | 사립 유치원 |
| --- | --- | --- | --- |
| | 단설유치원 | 병설유치원 | |
| 운영 시간 | 8:00~18:00 | 8:40~17:00 | 7:30~19:00 |
| 등원 차량 | 대부분 있음 | 없음 | 있음 |
| 방학 기간 | 여름 방학 1달 겨울방학 40일 이상 | 여름방학 1달 겨울방학 2달 정도 | 여름방학 1주~2주 겨울방학 2주~3주 |
| 방학 중 방과후 과정 운영 | 실시함 | 대부분 실시하지만 그 기간이나 운영 시간이 길지는 않음 | 실시함 |
| 급식 | 유치원 자체 직영 급식 | 초등 직영 급식과 동일 | 유치원 자체 급식 |
| 교육비 | 10만 원 내외 | 5~10만 원 | 20만 원대~50만 원대 |
| 교육과정 내용 | 교육부에서 제시하는 유치원 교육과정 실시 | | 교육부에서 제시하는 유치원 교육과정을 실시하되 각 유치원의 교육철학에 따라 특색이 다름 |
| 특징 | ● 저렴한 원비, 임용고시에 합격한 교사 ● 믿을 수 있는 식재료로 균형 있는 식단 제공, 사립에 비해 긴 방학 | | ● 영어를 비롯하여 체육, 미술, 음악 등 다양한 수업 프로그램이 많음 ● 비용이 비싼 편임 |

## [기준 2]
## 유치원 프로그램 비교하기

공립 유치원은 대부분 놀이 중심 교육과정을 운영합니다. 사립 유치원은 유치원마다 특색 있는 프로그램을 중심으로 유치원을 운영합니다.

**프로그램별로 추구하는 교육적 방향이 다르기 때문에 우리 아이에게 맞는 유치원을 선택하기 위해서는 각 프로그램의 특징을 알아야 합니다.** 유치원을 구분 짓는 〈유치원별 프로그램〉을 소개해 보겠습니다.

### 놀이 중심 유치원

놀이 중심 유치원에서 유아들은 놀이할 수 있는 환경 속에서 주체적으로 즐겁게 '놀이'를 합니다. 선생님은 유아들의 관심과 흥미를 관찰, 지원, 확장하는 역할을 합니다. 자유 놀이 시간이 하루 1시간 이상 주어지고 실내 놀이뿐 아니라 실외 놀이 시간도 충분히 주어집니다. 아이가 놀잇감, 놀이 방법 등을 스스로 선택하고 놀이 속에서 다양한 경험과 배움이 일어납니다.

단체 생활의 약속도 지키며 나와 다른 생각을 하는 다른 친구들을 인정하고 수용하며 함께 생활하는 방법을 알게 됩니다. 아이들에게 연속된 수업으로 인지적 학습을 진행하는 스타일이 아닌 편안하게 자유 놀이에 몰입할 수 있는 환경을 만들어줍니다. 아이들의 자율성과 창의성, 능동성과 사회성 등이 놀이 시간을 통해 향상되며 전인적인 성장을 도모합니다.

## 프로젝트 유치원

프로젝트 수업은 어떤 주제에 대하여 스스로 탐색, 인식하며 주제와 관련된 다양한 경험을 토대로 지식을 만들어 가는 수업입니다. 선정된 하나의 주제를 가지고 지적 호기심을 바탕으로 함께 탐구해 나갑니다. 언어, 수, 미술, 신체 등 다양한 영역의 활동을 통해 유아들의 지식이 정교해지는 형태지요.

예를 들어 '물'에 대한 프로젝트를 한다고 했을 때, '물'에 대해 알고 있는 사전 경험을 함께 나누는 것에서부터 시작해서 물과 관련된 책, 사진, 잡지, 실물 등의 자료수집, 다양한 활동을 경험하게 됩니다. 아이들은 프로젝트 수업을 통해서 물의 성질, 물의 상태변화, 물의 오염, 우리 생활에서 물의 쓰임 등 다방면의 지식을 알게 됩니다.


## 몬테소리 유치원

몬테소리 유치원은 이탈리아 최초의 여의사였던 마리아 몬테소리의 교육 신념과 철학을 바탕으로 만들어진 유치원입니다. 스스로 배우고자 하는 아이들의 욕구를 중요시하고, 유아들이 작업을 선택하고, 반복하며 성취감을 느끼게 하는 환경을 제공합니다.

몬테소리 유치원의 가장 큰 특징은 몬테소리 교구들을 활용하여 교육한다는 점입니다. 유아들이 몬테소리 교구를 이용하여 이루어지는 활동을 통해 성취감을 느낄 수 있도록 합니다. 유아 1명이 1개의 교구를 갖고 정해진 방법대로 활동하기 때문에 교구를 하는 시간에는 차분하고 조용한 분위기가 조성됩니다.

## 레지오 에밀리아 유치원

레지오 에밀리아 접근법은 이탈리아의 레지오 에밀리아라는 작은 도시에서 시작된 유아교육으로 이탈리아 교육학자 로리스 말라구치에 의해 창안되었습니다. 유아를 주체적인 존재로 보고 교사 중심의 정해진 교육과정에서 벗어나 유아들이 발견하는 세상, 그들의 이야기, 유아들의 상상력과 가능성을 존중합니다. 교사는 아이들 각자의 생각과 놀이를 존중하고 다양한 가능성을 열어주는 지원자 역할을 하지요.

아이들의 작품, 이야기 등을 비디오, 사진, 글 등으로 기록하고 그 기록 속에서 아이들이 추구하는 진정한 의미를 찾아내기도 합니다. 아이들은 교사에게만 배우는 것이 아니라 주어진 모든 환경과 매체와 소통하며 관계를 중시하며 발현적 교육을 실현해 갑니다.

## 자연·숲유치원

자연·숲 유치원은 유아들이 자연에서 겪는 다양한 경험을 통해 배움을 추구합니다. 매일 혹은 주 몇 회 정해진 날 숲으로 산책하러 나갑니다. 매번 나가는 숲이지만 아이들은 매번 새로운 경험을 하고 새로운 배움을 얻습니다. 자연은 아이들에게 최고의 교육환경이자 놀이터가 되어 유아들의 몸과 마음이 건강하게 자라도록 돕습니다. 유치원 텃밭에서 반별로 다양한 작물을 심고, 그 작물을 키워보는 경험, 열매를 맺기까지의 과정을 탐구하기도 하기도 합니다. 아이들의 체험을 기반으로 교육이 이루어지는 유치원입니다.

## [기준 3]
## 놓치기 쉽지만 필수적인 기본항목 리스트

유치원을 선택할 때에는 공립·사립 혹은 유치원 프로그램도 중요하지만 어떤 유치원에 보내든 다음에 제시된 항목들을 살펴보시는 것이 도움이 됩니다. 레지오 프로그램을 제대로 하는 소문난 유치원을 선택했다고 하더라도 집에서 너무 멀면 아이에게 좋은 유치원이 될 수 없습니다. 공립유치원을 선택해서 보내고 싶지만 맞벌이 추첨에서 떨어지면 보낼 수가 없고요.

결국 내가 가진 환경에 맞는 유치원을 선택하는 것이 내 아이에게도 최선입니다. 그리고 선택한 유치원에서 우리 아이가 밝고 건강하게 자라 행복한 유년기를 보낼 수 있도록 **부모님과 아이와 선생님이 함께 노력한다면 어떤 유치원이든 최고의 유치원이 될 수 있을 것입니다.**

### 원장(교사)의 교육철학

유치원마다 원장 선생님의 생각이 다릅니다. 추구하는 교육철학이 다르기 때문인데요, 어떤 곳은 아이의 잠재성을 중시하고, 어떤 곳은 어울려 지내는 사회성을 중요하게 다루고, 어떤 곳은 놀이를 중요하게 여기지요. 어떤 것이 좋고, 나쁘다고 할 수는 없습니다. 그 **유치원이 추구하는 방향과 부모님들이 추구하는 방향이 잘 맞는 곳을 찾으면 됩니다.** 원장 선생님의 교육철학은 유치원 설명회 때 유치원 소개 시간이나 교육 프로그램을 보면 드러나기 마련입니다. 가정과 유치원의 교육적 방향이 같을 때 교육적 효과가 극대화될 수 있습니다.

## 한 반의 인원

교육의 질은 교사의 질을 넘을 수 없다는 말이 있습니다. 유치원에서는 특히나 교사의 역할이 중요합니다. 그런데 중요한 것은 교사의 질은 학급 인원에 크게 좌우된다는 것입니다. 아무리 교사의 능력이 뛰어나도 혼자서 많은 유아를 돌보기는 쉽지 않습니다. 이러한 이유로 교육부에서는 연령별 정원을 정해두고 있고 기준은 학급당 인원수가 점차 줄어드는 방향으로 변하고 있습니다. 사립 유치원에서는 부담임이 있거나, 투담임제 등을 운영하는 경우도 있기 때문에 정해진 기준에서 조금 더 융통성이 있기도 합니다.

**학급당 인원이 많은 경우** 교사 한 명이 모든 아이를 세심하게 돌보는 일이 쉽지는 않습니다. 한 반의 인원이 많으면 어떤 활동을 하든 유아들이 기다리는 시간이 길어집니다. 그러나 장점은 다양한 친구들을 경험해 볼 수 있다는 것입니다. 그중에서 나와 마음이 잘 맞는 친구를 찾을 수도 있고요. 아이들이 많은 만큼 생각도 다양해서 의견의 불일치를 겪기도 하지만 그럴 경우 어떻게 합의점을 어떻게 찾아가는지도 중요한 교육적 경험이 됩니다.

**인원이 적은 경우** 다양한 친구들과 사귀어 볼 기회가 상대적으로 적습니다. 하지만 친밀한 교우관계가 형성되어 활발한 상호작용이 이루어집니다. 그리고 인원이 적은 경우는 인원이 많은 경우보다 상대적으로 선생님이 세심하게 케어할 수 있습니다. 선생님과 소통도 많아지며 교사가 아이의 개별성, 자율성을 최대한 존중할 수도 있습니다. 그리고 인원이 적을 경우는 아이들의 문제 행동도 줄어듭니다. 많은 아이들 속에서는 늘 말썽꾸러기 역할을 했던 아이도 소수의 그룹 속에서는 창의적인 아이가 될 수 있습니다.

## 부담임이 있는지

부담임 선생님이 있는지, 있다면 1학급에 1명씩인지 2학급에 1명씩인지 살펴봐 주세요. 부담임 선생님께서 몇 시부터 몇 시까지 교실에 계시는지도 살펴보면 좋습니다. 교실에 머무르는 시간이 생각보다 짧을 수도 있기 때문입니다. 한 학급에 인원이 많을 경우 부담임이 있는 것과 없는 것은 큰 차이가 난답니다. 학급당 인원수가 많을 경우는 유아들을 위해서 부담임이 있는 곳이 좋습니다.

## 적당한 공간과 교구

학급 인원수에 비하여 교실의 공간이 적당한지 살펴봐 주세요. 공간이 너무 좁으면 아이들끼리 부딪히거나 놀이에 불편함을 느낄 수 있습니다. 공간이 너무 넓으면 교사의 시야에서 벗어나는 아이들이 있어서 관리가 힘들 수 있습니다. 그리고 교실에 아이들이 놀이할 수 있는 교구, 놀잇감들이 다양하고 부족함 없이 준비되어 있는지 확인해 주세요. 아이들의 많은 다툼의 원인이 놀잇감에 있는 경우가 많습니다. 놀잇감들이 충분히 제공되는 환경 속에서 서로 양보, 배려하며 사이좋게 놀이할 수 있습니다. 또한 유아들이 놀이하고 싶은 욕구가 생길 수 있도록 흥미를 끌 수 있을 만한 교구, 놀잇감, 미술 재료 등이 갖추어져 있으면 좋습니다. 교구들이 아이들의 흥미나 주제에 맞게 교체되고 유아들의 요구에 따라 지원된다면 더욱 좋겠지요.

## 마당이 있는지, 놀이터가 있는지

놀이 중심 교육과정에서는 바깥 놀이를 하루 1시간 이상씩 권장하고 있습니다. 유치원 전용 놀이터나 유아들이 뛰어놀 공간이 있는 곳이 좋습니다. 미끄럼틀이 있는 종합 놀이 기구와 모래 놀이를 할 수 있는 공간까지 있다면 더욱 좋겠지요. 전용 놀이터가 없다면 유치원 주변에 유아들이 실외 활동을 할 수 있는 뒷산, 운동장, 산책로, 마을 공터 등 활용할 수 있는 공간이 있는지, 대체할 수 있는 실내 강당이나 대근육 운동을 할 수 있는 실내 놀이터가 충분한지도 살펴봐 주세요. 이 시기의 유아들은 바깥 놀이를 통해서 신체 발달은 물론이고 사회·정서적 발달 및 인지 발달을 도모할 수 있기 때문입니다.

## 집에서의 거리

아무리 좋은 유치원이라도 집에서 멀면 유아들이 다니기에 힘듭니다. 차를 타고 40분 이상 가야 한다면? 걸어서 편도 30분의 거리라면? 다시 한번 생각해 볼 필요가 있습니다. 유치원은 매일 다니는 곳이기 때문에 오고 가는 길이 편해야 유치원에서 즐겁게 생활할 수 있습니다.

아무리 좋다고 소문난 유치원이라도 오가는 거리가 멀면 유아들이 지치고 힘들어할 수 있습니다. 그리고 멀리 있는 유치원은 내가 살고 있는 동네 친구들이 많이 다니지 않을 가능성이 큽니다. 유치원에 다니게 되면 자연스럽게 같은 초등학교로 진학할 친구들, 같은 동네 친구들과 가깝게 사귀게 된다는 점도 생각해 볼 필요가 있습니다.

## 맞벌이의 경우 방과후과정 신청 가능 여부

방과후과정 신청은 유치원마다 조건이 다른 경우가 많습니다. 방과후과정으로 일부 인원수를 할당하여 유아를 뽑기도 하지만 유치원 입학 후 방과후과정을 신청하는 경우도 있습니다. 또한 프리랜서, 파트타임 직업 등의 맞벌이 인정 여부, 방과후과정 선정 방식 등이 유치원마다 혹은 매년 지침에 따라 차이가 있을 수 있습니다. 이에 아이를 보내고 싶은 유치원에서 요구하는 조건 및 제출 서류를 확인하여 방과후과정 신청이 가능한지 반드시 확인해야 합니다.

　사립 유치원을 보낼 때 교사들이 너무 자주 바뀌지는 않는지 살펴볼 필요가 있습니다. 근무 조건이나 환경이 좋지 않을 때 교사들은 더 나은 유치원으로 이동할 가능성이 높습니다. 대학교 부속유치원을 비롯하여 전통이 깊은 사립 유치원의 경우 교사들의 이동이 많지 않습니다. 집 근처의 사립 유치원 중에서도 교사들이 자주 바뀌는 유치원이 있는가 하면 교사들이 장기근속하는 유치원도 있습니다. 선생님이 자주 바뀌지 않는 유치원이 안정감이 있고 교사들의 처우도 좋은 유치원이라 할 수 있습니다.


　유치원의 식단표는 보통 유치원 홈페이지에 식단이 탑재되어 있습니다. 식단에는 메뉴, 재료들의 원산지, 알레르기 정보 등이 적혀 있습니다. 유치원에서 제공되는 음식의 종류를 확인하며 우리 아이 입맛과 잘 맞는지, 매운 음식의 제공 횟수는 얼마나 되는지 등을 확인해 보는 것이 좋습니다.

　편식하는 유아의 경우 우리 아이가 먹지 못하는 음식이 많이 나오는 날은 체크를 해두었다가 가정에서 영양적인 보충을 조금 더 해주는 것이 좋습니다. 유치원에서 음식을 골고루 먹도록 지도를 한다고 해도 가정에서 편식하는 음식은 유치원에서도 안 먹는 경우가 대부분이기 때문입니다. 또, 알레르기가 있는 유아의 경우는 식단표에 나와 있는 알레르기 정보를 반드시 확인해야 합니다. 알레르기가 심한 유아는 우리 아이가 먹으면 안 되는 음식을 매달 식단표에 체크해서 선생님께 알려 주시는 것이 좋습니다.

# 유아들이 다닐 수 있는 기관 비교

| 구분 | 유치원 | 어린이집 | 학원 |
|---|---|---|---|
| 종류 | 국립, 공립,<br>사립 유치원 | 국공립, 민간,<br>직장, 가정 어린이집,<br>공동육아 어린이집 | 놀이학교,<br>영어유치원,<br>유아 체능단 등 |
| 교육<br>과정 | 누리과정 | 표준보육과정(0~4세),<br>누리과정(5~7세) | 각 기관<br>자체 프로그램 |
| 연령 | 5세~7세 | 0세~7세 | 기관별<br>선발 연령에 따름 |
| 소속 | 교육부 | 보건복지부 | 없음 |
| 교사<br>자격 | 유치원 정교사 자격증<br>(유아교육 전공자, 아동<br>학과 전공 중 교직을 이<br>수한 일부 졸업생) | 보육교사 자격증<br>(유아교육, 아동학과 전<br>공자, 타 전공의 경우에<br>도 온·오프라인 지정 교<br>육시설에서 학점 이수,<br>학점은행제 등을 통해<br>자격증 취득 가능) | 학원이 제시하는 기준<br>에 따름 |
| 장점 | 유치원 교육과정을 바<br>탕으로 유아들의 기본<br>생활 습관 및 인성 형성<br>에 초점이 맞춰져 전인<br>발달을 도모함 | 보육시스템이 잘 갖추<br>어져 있어서 어린이집<br>에 머무르는 시간이 길<br>고, 방학도 짧거나 없음 | 기관마다 특색 있는 교<br>육과정을 운영함. 보통<br>교사 1인당 유아 비율<br>이 적은 편으로 케어가<br>잘되는 편임 |

# 자존감이 높은 아이로
# 기르고 싶어요.

같은 활동을 하는데 어떤 아이는 완성도가 높지 않아도 당당하게 친구들에게 결과물을 소개할 수 있는 아이도 있고, 어떤 아이는 손으로 자신의 작품을 가리며 친구들에게 보여주는 것을 꺼리는 아이도 있습니다.

훌라후프를 처음 시작하는 날, '처음이지만 한 번 해보는 거지' 하면서 거침없이 허리를 흔들며 도전하는 아이도 있고, '전 못해요' 하고 시작도 전에 포기하려는 아이도 있습니다.

친구가 '너 오늘 왜 이렇게 늦었어?'라고 한 말에 어떤 아이는 '나 오늘 늦잠 자서 그래'라고 하며 아무렇지 않게 말하는 아이도 있고 눈물 글썽이며 주눅 들고 상처받는 아이도 있습니다. 같은 말에도 받아들이는 게 모두 다릅니다.

유치원 시기는 아이들의 자존감이 형성되는 시기예요. 부모의 한마디 말, 부드러운 눈빛, 표정 등이 우리 아이의 자존감 형성에 큰 영향을 줄 수 있어요. 자신의 작품을 손으로 가리는 아이, '전 못해요'라는 말을 입에 달고 사는 아이, 친구의 말에 쉽게 주눅 드는 아이들도 부모님과 선생님의 사랑과 관심으로 건강한 자존감을 형성할 수 있답니다.

## 자존감이란

자존감은 자아존중감과 같은 말로 자신을 존중하고 자신을 가치 있는 사람이라고 여기는 마음입니다. 나는 무슨 일이든 할 수 있다고 생각하고 자신의 능력을 믿는 자기 확신이기도 하지요.

## 자존감이 높은 사람은

자신이 무슨 일이든 할 수 있다고 생각하기 때문에 도전을 두려워하지 않습니다. 어떤 일이든 있는 그대로 받아들이기 때문에 다른 사람의 평가나 판단, 실패에도 흔들리지 않지요. 자신에 대한 가치 존중은 다른 사람의 가치를 존중하는 것과도 연결되어 다른 사람과의 관계에도 긍정적인 영향을 줍니다. 자존감이 높은 사람은 회복탄력성도 높습니다. 회복탄력성은 다양한 역경과 실패를 도약의 발판으로 삼아 더 높이 뛰어오르는 마음의 근력을 의미합니다. 회복탄력성이 있는 사람은 실패를 두려워하지 않고 실패를 딛고 일어설 수 있어요. 반면 자존감이 낮은 사람은 자신은 무슨 일이든 잘 못 한다고 생각합니다. 스스로에 대한 평가보다 다른 사람의 평가를 민감하게 받아들이다 보니 다른 사람의 눈치를 보기도 합니다. 한 번 실패하면 '내가 그렇지 뭐'하고 다시 도전하기보다는 포기하게 됩니다.

## 자존감을 높이는 방법

- **아이를 있는 그대로 존중해 주기** : 성인의 기준으로 판단하고 강요하지 않는 것이 좋아요. 아이를 하나의 인격체로 존중해 주세요.
- **성취감을 맛보게 해 주기** : 나는 할 수 있는 사람이라는 것을 느낄수록 자존감은 생겨납니다. 사소한 것이라도 좋아요. 아이가 할 수 있을 만한 과제를 제시하고 그것을 스스로 해냈을 때의 성취감을 느끼게 해 주세요. '우리 ○○이가 혼자 바지를 입은 거야? 이제 스스로 잘하는구나.'
- **아이의 감정 공감해 주기** : 아이가 슬픈 감정, 화나는 감정일 때에도 있는 그대로 공감해 주세요. '이런 일로 화내는 거 아니야.'와 같은 대화는 아이가 감정을 거부당했다는 느낌이 들어요.
- **끝까지 해보도록 격려하기** : 어떤 일을 시도하다 보면 포기하고 싶을 때도 있어요. 그럴 때는 '괜찮아. 천천히 해봐. 잘될 거야.'와 같이 아이를 격려하며 기다려 주세요. 부모님의 격려로 힘을 내서 일을 마무리할 수 있게 됩니다. 처음부터 아이가 할 수 없는 무리한 일을 시작했을 때에는 '여기까지만 해보자' 등 마무리를 지을

수 있도록 도와주고 마쳤을 때 칭찬을 해주세요.

- **실수를 인정해 주기 :** 아이가 실수하는 것은 당연합니다. 부모들은 본인의 실수에는 관대하고 아이의 실수에는 엄격한 경향이 있어요. 실수했을 때 '또 그랬구나. 몇 번을 말해야 알아듣겠니?'와 같은 질타의 말보다는 '괜찮아. 다시 하면 되지.'라고 부드럽게 이야기해주세요. 실수가 두려운 아이는 도전하지 않게 되거든요.

- **지시적인 언어, 명령조의 말투는 삼가기 :** 엄마가 늘 지시하고 명령하는 아이는 수동적이고 타인의 평가에 민감한 성향으로 길러지게 됩니다. 명령하기보다는 '같이 해보자.'와 같이 청유형 말투로 이야기해 보세요.

## 자존감이 지나치면 자만심으로 이어져요.

자존감이 높을수록 좋은 것만은 아닙니다. 너무 높은 자존감은 자신에 대한 평가가 지나치게 높아 자만심으로 연결될 수 있어요. 자만심은 자신을 자랑하는 마음입니다. 남들과 비교해서 우월감을 느끼는 것이지요. 내 아이에게 하는 무조건적인 칭찬과 추켜세우는 말은 자존감을 넘어 자만심을 키울 수 있게 됩니다.

## 2장

미리 준비하는
유치원 입학

# 01

# 아이의 입학,
# 엄마도 새내기

　새 학기가 되면 아이들이 입학 준비물을 가지고 옵니다. 준비물 안내는 똑같이 나갔는데 가져오는 준비물에는 그 아이의 취향이 고스란히 드러납니다. 같은 양치 도구라도 누구는 전동칫솔, 누구는 큰 캐릭터가 달린 놀잇감 같은 칫솔, 치약도 어린이용 치약, 성인용 치약, 심지어 아기용 치약도 있습니다. 어떤 것이 좋다 나쁘다를 이야기하는 것이 아닙니다. 이처럼 제각각 다른 어린이들이 한곳에 모여 교실이라는 울타리로 들어와서 하나의 학급을 만들어 가게 됩니다.

　제각각의 개성과 빛깔은 모두 다르지만 함께 모여서 또 하나의 문화를 만들어 갑니다. 학급은 유아와 교사 그리고 학부모들과 함께 만들어

가는 것입니다. 교육의 세 주체가 서로 소통이 잘 되고 유아들을 교육적 방향으로 잘 이끌어야겠다는 교사와 부모의 공통된 목표를 중심으로 서로 믿고 협력할 때 일 년간의 교육은 빛을 발하게 됩니다.


## 단체생활에서 지켜야 할
## 약속을 지켜주세요.

저희 큰아이 유치원 입학을 준비하던 때가 생각납니다. 준비물에 색연필 12색이라고 분명히 적혀있는데도 자꾸만 색연필 24색에 눈길이 갑니다. '우리 아이는 그림 그리는 걸 좋아하는데 12색보다는 24색이 낫지 않나?' 내 자식에게 조금이라도 더 좋은 걸 주고 싶은 마음이지요. 그 마음을 꾹 참고 준비물 용지에 적힌 대로 12색 색연필을 사서 집에 옵니다.

24색 색연필을 사고 싶은 마음을 꾹 참은 이유는 준비물에 '12색'이라고 쓰여있는 이유가 있음을 알고 있기 때문입니다. 12색이라는 기준 없이 그저 '색연필'이라고 기재가 되어있으면 유아들은 12색 색연필부터 36색 혹은 72색 색연필까지 다양한 색연필을 가지고 올 것입니다. 내 아이는 12색으로 색칠을 하는데 옆 친구는 36색 색연필입니다. 36색에는 금색, 은색, 형광색도 있습니다. 멀쩡한 12색 색연필이 초라한 느낌이 듭니다. 누구도 잘못한 것은 없습니다. 36색을 사서 보낸 부모님도, 12색을 사서 보낸 부모님도, 아이들도요. 준비물에 적힌 색연필을 준비했을 뿐이니까요.

이처럼 누구의 나쁜 의도 없이도 각자의 취향과 개성이 다른 개인들이 하나의 집단으로 모이다 보면 불필요한 감정 소모가 생길 때가 많습니다. 그래서 유치원에서는 '12색'이라는 기준을 정해주는 것입니다. 우리 어린 유아들에게 괜히 속상한 기분을 느끼게 할 필요가 없거든요. 이 기준을 지켜주시는 부모님들의 협조가 동반될 때 유치원은 평화로워집니다. 부모님들의 협조는 곧 내 아이만 생각하고 싶은 본능적인 욕구에서 한걸음 떨어져 모두가 지키는 약속을 나도 지키는 일입니다.

예를 들어 유치원에 놀잇감 혹은 작은 소품, 먹을 것 등을 가지고 등교하지 않게 해달라고 가정통신문 혹은 입학 설명회 때 안내합니다. 어느 날 아침 우리 아이가 어제 산 스티커를 유치원에 가져가서 자신이 좋아하는 친구들에게 나누어주고 싶다고 합니다. 안된다고 말해도 고집을 피우며 칭얼거립니다. 귀찮기도 하고 내 아이가 원하는 대로 해주고 싶은 마음으로 아이가 스티커를 가방에 넣는 것을 모르는 척했습니다.

유치원에서는 어떤 일이 벌어질까요? 아이들이 선생님 눈을 피해 슬금슬금 ○○이 가방 정리장 쪽으로 모여듭니다. 스티커를 받고 싶은 아이들이 몰려오는 탓에 나눠주려고 가져온 스티커이지만 주고 싶은 사람 마음대로 잘 안됩니다. 네가 먼저, 내가 먼저 다툼이 시작됩니다. 그 와중에 누구는 스티커를 받고, 누구는 못 받아 속상한 유아가 생깁니다. 또 스티커를 받았다 할지라도 받은 스티커 종류가 마음에 들지 않고 다른 친구가 받은 것을 가지고 싶어 속상한 마음이 생기기도 합니다. 급기야 친구들 중에서 '선생님 ○○이 유치원에 스티커 가지고 왔어요!' 하고 불만이 터져 나옵니다.

고작 그 스티커 때문에 우리 아이들 고운 마음이 속상해지는 것이 참 안타깝습니다. 만약에 아이가 약속에 어긋나는 무엇을 요구한다면, 입장을 바꾸어 생각해 볼 수 있도록 도와주세요.

> "○○아, 만약에 ◇◇이가 스티커를 가지고 와서 다른 친구들에게 나누어주고 너만 못 받았다면 기분이 어떻겠니? 그래서 유치원에는 이런 것은 가져가지 않는 것이 약 속이야. 우리 ○○이가 약속을 잘 지켜줄 수 있겠니?"

하고 이야기해주세요. 무조건 '안돼'라고 하기보다는 차분히 설명해 준다면 아이들은 충분히 이해하고 받아들일 수 있답니다.

위의 사례는 내 아이가 원하는 것을 위해서 '한 번쯤이야.'하는 마음으로 단체생활에서 한 약속을 지키지 않은 경우입니다. 유치원에서 흔히 일어나는 일이지요. 내 아이가 원하는 것을 들어주기 위한 일이었지만 결과적으로는 학급 전체에 좋지 않은 영향을 주게 되고 그것은 다시 내 아이에게도 되돌아오게 됩니다. 나와 우리가 균형을 유지하며 함께 갈 수 있도록 단체생활의 기본 약속을 지킬 수 있도록 도와주세요.

아직 어리게만 보이는 우리 아이가 유치원에서 어떻게 지낼지 걱정되고 불안하실 겁니다. 그런데 집에서는 아직 아기처럼 보이는 우리 아이가 유치원에 가면 대개는 의젓하게 스스로 해야 할 일들을 하나씩 해나가게 됩니다. 유치원에서 신발 신기, 옷 입기 등 기본적인 생활 습관 교육이 시작되면서 자연스럽게 가정과도 연계되지요. 미리 가정에서 연습해 본 유아들도 있고 아직 너무 어리다고만 생각하여 연습을 시키지 않은 집도 있습니다. 지금부터 시작하면 되니까 걱정은 하지 않아도 됩니다. 이제야 때가 된 거니까요.

엄마가 당연하게 해줬던 것들을 아이 스스로 할 수 있도록 도와주세요. 신발 좌우를 구별하지 못하다가 점차 바로 신을 수 있게 되고, 단추를 혼자 풀지 못하다가 어느새 단추를 스스로 잠그고 열 수 있게 된답니다. 언어가 느린 유아들은 유아들이 원하는 것을 말로 충분히 표현하도록 믿어주고 기다려주세요. 언어가 느린 유아들의 공통적인 특징은 엄마가 아이의 눈빛만 봐도 무엇을 원하는지 알아차려서 아이가 말할 기회가 적었던 경우가 많습니다. 쉽지 않지만 조금은 기다려주고 긍정적으로 믿어 주는 것이 부모의 역할입니다.

우리 아이가 유치원 생활을 하다 보면, 유치원이 너무 즐거운 날도 있지만 어떤 날은 기분이 좋지 않은 날도 있습니다. 아이가 친구들 사이에서 약간의 실랑이가 있는 날도 있을 수 있고, 친한 친구가 바뀌기도 합니다. 유치원에서 일어나는 소소한 변화나 일들을 있는 그대로 인정, 수용해 주시고 이야기를 담담하게 들어주세요. 소소한 변화에 마치 큰일이 난 것처럼 부모님이 대응하면 유아들의 마음은 더욱 흔들리고 정말 큰일이 난 것처럼 불안을 느낄 수 있습니다. 우리 아이는 잘할 수 있다는 긍정적인 믿음을 아이가 느낄 수 있도록 늘 이야기해주세요.

"그런 일이 있었어? 우리 ○○이 속상했겠네. 괜찮아. 엄마가 안아줄게. 다음번에는 ~해보는 건 어때? 더 나아질 거야."

혹시 아이가 유치원이나 선생님에 대한 불만을 이야기하더라도 잘 다독여주세요. 엄마가 아이와 함께 유치원이나 선생님에 대해서 부정적으로 이야기하면 아이들은 유치원과 선생님을 신뢰하지 않게 되는 경우가 있답니다. 이런 일은 교육의 효율성을 가장 낮추게 되는 경우입니다.

"○○이가 그런 일이 있었구나. 선생님이 ~ 때문에 그랬을 거야. 선생님이 ○○이를 얼마나 사랑하시는데."

라고 말하며 아이의 불편했던 마음을 먼저 잘 어루만져 주고, 혹시 궁금한 것이 있으면 나중에 선생님께 물어보는 것도 괜찮습니다. 그래서 유아들이 유치원은 늘 편안한 곳, 믿어도 되는 곳으로 생각할 수 있도록 도와주세요.

　부모님들도 '내가 유치원을 잘 선택한 걸까?' 하는 마음으로 불안한 마음이 들 때도 있을 수 있습니다. 우선은 심사숙고해서 고른 기관이니 믿어 보는 것을 추천해드립니다. 유치원마다 문화가 있고 축적된 교육적 노하우가 있습니다. 어느 유치원이든 그 유치원 속에서 우리 아이는 바르게 잘 자랄 수 있어요. 어느 유치원을 다니느냐보다 어떻게 다니느냐가 더 중요합니다. 그렇기 때문에 특별한 문제가 없다면 사소한 가지보다는 큰 나무를 보고 최소 1년은 아이를 그 유치원의 시스템 속에 완전히 적응시켜 보는 것을 추천합니다. 부모님들이 생각하는 것보다 선생님들이 교육에 대한 자신의 투철한 생각과 책임감을 느끼고 아이들을 사랑한다는 것도 잊지 말아 주세요.

# 꼼꼼하게 챙기는
# 입학 준비물

보통 유치원마다 입학식 전에 오리엔테이션을 진행합니다. 주로 부모들을 대상으로 유치원 생활을 위한 준비와 안내를 하는 시간입니다. 유아를 대상으로 오리엔테이션을 진행하는 곳도 있습니다. 유아들이 자신들이 다닐 유치원을 둘러보고 친근해지는 시간을 갖게 됩니다.

학부모 오리엔테이션 자료에는 입학 준비물이 안내됩니다. 준비물로는 개인 물통, 식판, 수저, 양치 도구, 실내화, 색연필, 사인펜, 클리어 파일, 휴지, 물티슈, 스케치북, 종합장 등이 있습니다. 요즈음은 준비물을 최소화해서 부모님들의 부담을 덜어드리는 추세이긴 하지만 실내화와 같이 반드시 개별적으로 준비해야 할 준비물이 있습니다. 유치원별로 준비물이 다르니 꼼꼼히 체크해서 준비를 해주세요.

준비물은 안내장에 적혀 있는 대로 무난하게 구입하는 것이 좋습니다. 우리 아이에게 가장 좋은 것, 특별한 것을 사주고 싶은 부모님의 마음때문에 유아들이 친구들의 이목이 주목되는 물건을 가지고 오는 경우가 있습니다. 내 아이에게 좀 더 예쁘고 좋은 물건을 사주고 싶은 부모님의 마음은 이해합니다. 처음 가는 유치원에서 기죽지 말고 자신감을 느끼게 해주고 싶다고 생각할 수도 있습니다. 하지만 유아 시기의 아이들은 물건 등 외적인 수단을 통해서 자신감이 길러지지 않습니다. 오히려 득보다는 실이 많습니다. 남보다 더 좋은 물건을 가지고 있을 때 느껴지는 우월감을 자신감이라고 잘못 받아들일 수 있거든요.

정서적, 심리적 발달이 이루어지고 있는 어린아이들의 자신감은 좋은 물건을 가진다고 키워지기보다는 어떤 일을 성취하는 긍정적인 경험을 통해서 조금씩 쌓입니다. 즉, 어떤 일을 용기 내서 시도해 보는 경험, 어떤 일을 끝까지 마무리하는 경험, 주변 사람들의 격려와 칭찬 경험 등을 축적해나가며 자신감, 자존감을 기를 수 있습니다.

유치원에 보내는 모든 물건에는 이름을 적어서 보내주세요. 학기 초, 20명이 넘는 유아들이 개인 물통을 가지고 왔을 때, 한두 개 정도는 교실에서 주인을 잃고 바닥에 있는 것을 볼 수 있습니다. 누구의 것이냐고 물어보아도 유아들은 그게 자신의 것인지 아닌지 잘 모르는 경우가 많습니다. 칫솔, 치약도 똑같은 제품도 많을뿐더러 잃어버리기도 쉽습니다. 치약 뚜껑은 자칫하면 옆 친구와 바뀔 수도 있으니 뚜껑에도 네임펜으로 이름을 적어 주면 좋습니다. 5~6세 유아의 경우는 학기 초, 아침에 자신이 입고 온 옷을 모르는 경우가 생각보다 많습니다. 가정에서도 등원할 때 한 번 정도 상기 시켜 주세요.

유치원에 보내는 준비물을 준비할 때 아이와 함께 준비하는 것이 좋습니다. 유아들이 자신이 원하는 것을 고르며 유치원에 대한 기대감을 느낄 수 있기 때문입니다. 또, 함께 준비하면서 유아들이 스스로 사용법도 익혀보는 기회가 될 것입니다. '엄마, 내가 해볼래' 하며 신나게 준비하는 동안 준비물 준비뿐만 아니라 마음의 준비도 자연스럽게 된답니다. 물통 뚜껑을 스스로 열고 닫을 수 있는지, 양치 도구 케이스를 열 수 있는지, 실내화를 신었을 때 불편함은 없는지 등을 살펴봐 주세요. 어린 유아들은 스스로 잘 안되는 것도 많아요. 내가 할 수 있는 것, 선생님께 도움을 받아야 하는 것을 아는 것만으로도 충분합니다. 잘 안 되는 것은 선생님께 도움을 청하라고 이야기를 해주세요.

소극적인 유아는 유치원 첫날 물통 뚜껑을 열지 못해 물을 한 번도 마시지 않고 집에 올 수도 있어요. 보통 물은 유아들이 놀이 중에 자유롭게 마시고 싶을 때 마시는 경우가 많아서 선생님께 도움을 요청하지 않으면 선생님도 모르는 경우가 있을 수 있어요(물론 1~2주 정도 지나면 선생님이 다 알게 됩니다. 누가 물통을 못 여는지, 누가 물통을 못 닫는지요). 하지만 학기 초에는 이런 경우가 생길 수 있으니 자신의 물건을 사용하는 방법을 알려주고, 혹시 어려움이 있을 때는 선생님께 도움을 요청하라고 알려주는 것도 필요합니다.

## 우리 아이의 마음 준비도 도와주세요

　이렇게 준비물 준비가 다 되었다면, 우리 아이의 마음 준비는 어떻게 되어 가는지 살펴봐 주세요. 이전 기관의 친구들과 헤어져서 서운한 것은 아닌지, 이전보다 큰 유치원 규모에 마음이 두렵지는 않은지, 낯선 선생님과 친구들을 만나는 것이 불안하진 않은지 등이요. 아마 설레고 좋아서 기대되는 마음과 걱정되는 마음이 혼재되어 있을 거예요. 어른도 새로운 환경에 첫발을 내디뎌야 하는 상황에서는 떨리고 설레고 걱정이 되는데 아직 세상 경험이 없는 우리 유아들은 얼마나 마음이 복잡할까요.

　**너무 좋아서 흥분하는 유아**는 유치원을 마냥 즐겁고 재미있는 곳이라고 생각합니다. 하지만 모두가 함께 안전하고 즐겁게 지내기 위해서는 지켜야 할 약속이 있다고, 무엇이든 내 마음대로 하는 곳은 아니라고 이야기를 해주세요. 키즈카페 같은 곳을 기대하고 왔다가 마음대로 되는 것은 하나도 없다며 불평할 수도 있어요.

"우리 ○○이가 ☆☆유치원을 너무 좋아하는구나. 유치원 놀잇감들, 볼 풀장, 미끄럼틀 등을 친구들과 즐겁게 놀이하려면 정해진 약속을 지켜야 하는 것도 잘 알고 있지? 그래, 엄마도 우리 ○○이가 ☆☆유치원에서 즐겁게 잘 지낼 거라고 믿어."

**너무 걱정하고 불안해하는 유아**에게는 유치원은 편안하고 믿을 수 있는 곳이라는 확신을 주세요. 그리고 유치원에 가는 것이 엄마와 헤어지는 것이 아니라는 것, 잠시 유치원에서 놀다가 다시 엄마를 만나서 집에 오는 것이라고 이야기를 해주세요. 처음에는 두렵고 무섭겠지만 조금만 참고 하루, 이틀 다녀보면 익숙해질 거라는 믿음도 주세요.

"○○아, ☆☆유치원에 가는 게 걱정돼? 응, 당연해. 엄마도 어디에 처음 갈 땐 마음이 그래. 그런데, 그 마음을 조금 참고 다니다 보면 마음이 바뀔 수도 있어. 선생님이 우리 ○○이를 많이 도와주실 거야. 엄마가 ○○이 유치원 끝나는 시간에 와서 늘 기다리고 있을게."

**예전 친구와 헤어지는 것을 힘들어하는 유아**에게는 그 친구와 유치원이 아닌 곳에서 만나서 놀 기회가 있다는 것, 예전 친구도 처음에는 몰랐던 친구인데 지금 이렇게 친해진 것처럼 새로운 유치원에 가면 또 다른 새로운 친구들을 더 많이 사귈 수 있다는 것을 알려주세요.

> "어린이집 친구 ♡♡를 처음 만났던 날 생각나? ♡♡도 처음에는
> 모르는 친구였다가 점점 친하게 된 거잖아. 유치원에 가서도 ♡♡
> 처럼 처음에는 잘 모르는 친구지만 점점 친해지는 친구가 생길 거
> 야. 그리고 ♡♡는 주말에 만나서 같이 놀면 되지."

어른이 생각하기에는 너무 당연한 것들이지만 엄마가 그것을 말로
표현해 준다면 우리 아이에게는 엄마가 생각하는 것보다 훨씬 더 큰 위
안과 안심이 된답니다. 아이를 품에 안고 차근차근 설명하고 알려주며
마음을 토닥여줬다면 이제 유치원 입학을 위한 모든 준비는 다 되었습
니다.

### 입학 준비물 체크 포인트

1. 입학 안내문을 꼼꼼하게 보고 준비물을 구입해 주세요.
2. 유치원에 보내는 모든 물건에는 이름을 적어주세요.
3. 준비물을 준비할 때 아이와 함께해 주세요.
4. 뚜껑이 안 열리거나, 스스로 잘 안될 때는 선생님께 '도와주세
   요'라고 말하라고 알려주세요.
5. 우리 아이의 마음도 준비가 되었는지 살펴봐 주세요.

# 연습해두면 유치원 생활이 편해지는 기본 생활 습관

유치원에 가면 하나, 둘씩 스스로 해야 하는 일들이 많아집니다. 가정에서는 엄마나 아빠가 도와주던 일들도 스스로 하도록 교육을 받습니다. 물론, 한 번에 모든 것이 되는 것은 아니고 할 수 있는 것부터 차근차근하게 됩니다. 5살 유아들의 경우는 아직 도움이 필요한 경우가 많아요. 선생님들도 개별 유아의 발달 속도에 따라 적절하게 도움을 주십니다. 6살 유아들은 점차 자기 일을 스스로 하게 되는 과도기에요. 7살 유아는 유능해집니다. 기본적인 모든 것들을 스스로 하게 됩니다. 유치원에 가기 전에 우리 아이가 어느 정도까지 할 수 있는지 다음 항목들을 살펴보면 좋겠습니다.

## 신발 신고 벗기

　가정에서 아이 혼자 신발을 신고 벗는 것을 잘하는지 살펴봐 주세요. 가정에서 외출할 때 아이가 스스로 신기보다 엄마가 신발을 신겨주는 경우가 많아요. 서투르다고 계속해 주면 스스로 신발을 신고 벗는 연습을 할 수 없어요. 우리 아이가 신발을 스스로 신을 수 있는지, 좌우 구분은 하는지 답답하지만 참고 기다리면서 살펴봐 주세요. 그리고 신발을 신고 벗는 방법을 천천히 순서대로 알려주세요. 여아의 경우는 부츠, 구두 등 구조가 복잡한 신발을 신을 경우도 있기 때문에 신발 별로 신겨 보세요. 어른에게는 사소한 행동도 아이들은 여러 번의 경험을 통해 익히게 된답니다.


## 밥 먹기

　식습관은 가정의 분위기, 아이들의 성향에 따라 개별적 특성이 각기 다릅니다. 천성적으로 늦은 아이가 있는가 하면, 먹는 것을 좋아해서 스스로 밥을 빨리 먹는 아이도 있습니다. 5살 정도 되면 스스로 먹는 습관을 지니게 해주세요. 학기 초, 5살 유아 중에서 밥을 스스로 먹어본 경험이 없는 유아들이 있습니다. 급식판을 보고 있다가 엄마가 보고 싶어서 울음을 터뜨리기도 하지요. 지금부터 배워나가면 되니까 걱정할 것은 없습니다. 조금 흘리더라도 아이가 스스로 먹을 수 있도록 연습할 기회를 제공해 주세요. 6살부터는 소근육의 발달 정도에 따라 젓가락질 연습을 시작해도 좋습니다. 7세는 젓가락에도 능숙하고 약간 매운 음식도 먹을 수 있다면 어떤 식단이 나와도 밥을 잘 먹을 수 있을 것입니다.

## 양치하기

양치하기가 생각보다 복잡한 절차를 가지고 있어요. 치약 뚜껑을 열고, 적당량의 치약을 칫솔에 묻히고, 치약 뚜껑을 닫습니다. 그리고 양치를 하고, 양치 컵에 물을 받아 입 안을 헹구는 것까지 일련의 과정이 유아들에게 쉬운 일은 아닙니다. 매일 가정에서 양치할 때 유아들이 스스로 양치를 바르게 할 수 있도록 알려주세요. 뚜껑을 열어 치약 짜서 칫솔에 바르는 법에서부터 올바른 양치 방법을 매일 연습하다 보면 어느새 능숙하게 양치할 수 있습니다. 그리고 양치 후 칫솔을 깨끗이 씻는 방법까지 익힐 수 있게 해주세요. 유치원에서도 양치 지도를 하지만 양치하기가 한 번에 익혀지는 것이 아니에요. 그런데 유아들은 뭐든 잘하고 싶은 욕구가 있어서 스스로 하고 싶어 한답니다. 유아가 집에서 아침, 저녁으로 바르게 양치하는 습관을 지닐 수 있도록 도와주세요. 그러면 유치원에서 유아들이 편하고 익숙하게 양치를 할 수 있게 됩니다. 양치는 치아 건강과도 직결되기 때문에 어릴 때부터 바른 양치 습관을 지니는 것이 중요합니다.

등원해서 신발 정리 후 다음으로 하는 일이 가방 정리와 옷 정리입니다. 겉옷을 옷걸이에 걸면 스르륵 흘러내려 옷이 바닥으로 떨어지는 경우가 생기기 때문에 지퍼나 단추를 채워서 걸어두는 경우가 많습니다. 또, 옷을 접어서 두는 유치원일 경우라도 바깥 놀이를 나가거나 집에 갈 때는 지퍼를 채우고 나갑니다. 보통 스스로 할 수 있는 아이들은 스스로 하고, 잘 안되는 유아들은 선생님이 도와줍니다. 다른 친구들은 스스로 옷을 잠그고 나가서 줄을 서는데 지퍼, 단추 등이 잘 안 돼서 선생님께 부탁하고 기다려야 하는 상황이면 마음이 조급해질 수도 있어요. 5세는 못하는 유아들이 많아서 대부분의 유아들에게 선생님이 도움을 줍니다. 하지만 6세의 경우는 학년말이 되면 한두 명을 제외하고 지퍼, 단추 잠그기가 모두 능숙해집니다. 6~7세 유아라면 집에서 몇 번만 연습해 보면 보다 편안해질 수 있어요.

개별 물통을 가지고 다니면서 물을 마시는 경우가 많습니다. 요즘 같은 시기에는 개별 물통은 위생을 위해 필수 준비물이 되었지요. 7세 학급에서는 자유롭게 물을 마시게 하는 경우가 많습니다. 그런데 유아가 물통을 열고, 닫는 것을 잘 못 하면 물을 마시는 횟수가 줄어들 수 있어요. 마실 때마다 선생님께 열어달라고 하면 선생님이 열어 주시겠지요. 하지만 유아들에게 물 마시는 일은 별로 적극적인 일이 아니어서 선생님께 부탁하면서까지 마시고자 하는 욕구가 그렇게 크지 않아요. 그래서 열고 닫기 편한 물통을 준비해 주시는 것이 좋습니다. 그리고 물통 닫는 방법을 정확하게 아는 것이 중요해요. 생각보다 빈번하게 일어나는 일 중에서 물통을 제대로 닫지 않아서 가방이 다 젖는 경우가 있습니다. 가방이야 닦으면 되지만 가방 안 물건들이 젖어서 속상한 경우가 생긴답니다.

## 가위질해 보기

6세 정도 되면 교실 내 미술 활동으로 가위로 종이를 오리고 붙이는 경험을 하게 됩니다. 6세 3월 정도에 가위질 활동을 해보면 가위를 잡는 방법을 모르는 유아들이 한두 명은 있어요. 태어나서 처음 가위질을 해보는 경우도 있습니다. 유치원에 다니면서부터 이제 가위질을 시작하면 되니까 전혀 문제 될 것은 없습니다. 유치원에서 활동하면서 자연스럽게 익히게 됩니다. 하지만 혹시 가위질에 서툴러 손을 다칠까 걱정이 된다면 미리 집에서 이것저것 오려보는 것도 좋습니다.

## 응가 후 뒤처리

5~6세 유아들은 보통 응가 후 뒤처리를 하지 못하는 것이 당연합니다. 선생님이 도와줍니다. 보통 7세 정도면 유아들이 스스로 할 수 있지만 도움이 필요한 유아는 당연히 도움을 줍니다. 그런데 7세 남자 어린이들 중에서 간혹 선생님에게 응가 후 뒤처리를 부탁하는 것을 부끄러워하는 경우가 있어요. 내 아이가 그런 성향의 아이라면 미리 집에서 훈련해보는 것도 좋습니다.

# 연령별로 점검하는
# 할 수 있어요 VS 할 수 없어요

만 3세(5세), 만 4세(6세), 만 5세(7세) 유아들의 보편적인 발달 특성입니다. 유아마다 개별 차가 있다는 점을 고려해서 참고해 보세요.

| | 5세 | 6세 | 7세 |
| --- | --- | --- | --- |
| **신발 신고 벗기** | ○ | ○ | ○ |
| **손 씻기** | ○ | ○ | ○ |
| **색연필로 색칠하기** | 아직 소근육 발달이 덜 된 유아들은 힘이 약할 수 있고, 색칠을 할 수 있어도 힘 조절이 잘 안되는 경우 많음 | ○ | ○ |
| **가방 지퍼 열고 닫기** | 대부분 할 수 있으나 가방에 물건이 많이 든 경우나 빡빡한 경우 도움 필요함 | ○ | ○ |
| **스스로 밥 먹기** | 학기 초에 스스로 먹지 못하는 유아들이 있으나 연습하면 금방 할 수 있게 됨 | ○ | ○ |

| | | | |
|---|---|---|---|
| 풀, 스카<br>치테이프<br>사용하기 | 유치원에서 배우면<br>할 수 있게 됨 | ○ | ○ |
| 단추<br>풀고<br>잠그기 | 소수 유아들은 가능,<br>대부분 유아들은 도<br>움이 필요함 | 과반수 이상 가능하<br>지만 지퍼보다 단추<br>를 더 어려워하는 경<br>우도 있음 | ○ |
| 지퍼<br>잠그기 | 대부분 도움이 필요<br>함 | 학기 초에는 대부분<br>할 수 없다가 점차 거<br>의 할 수 있게 됨 | ○ |
| 가위로<br>종이<br>오리기 | 처음 해보는 경우가<br>많음. 싹둑 자르는 정<br>도의 가위질 가능 | 개인차가 많음. 처음<br>해보는 유아들도 있<br>음. 직선 가위질은 대<br>부분 가능 | 대부분 가위질 가능.<br>소수 유아들은 곡선<br>가위질도 능숙함 |
| 화장실<br>사용 | 대변의 경우 뒤처리<br>시 도움이 필요함. 소<br>변 실수 잦음 | 대변의 경우 뒤처리<br>시 도움이 필요함. 유<br>아에 따라 소변 실수<br>있음. | 소수 유아들을 제외<br>하고 화장실을 능숙<br>하게 이용함. 소변 실<br>수를 거의 하지 않음 |
| 젓가락질<br>하기 | 대부분 포크를 사용,<br>에디슨 젓가락은 능<br>숙하게 사용하는 경<br>우 있음 | 유아에 따라 다르나<br>대부분 할 수 없음 | 과반수 이상 젓가락<br>연습을 해보았고 할<br>수 있음. 7세는 젓가<br>락 연습을 해야하는<br>시기임 |
| 내 이름<br>쓰기 | 소수 유아들은 가능<br>하나 대부분 이름을<br>쓰지 못함 | 대부분 이름은 쓸 수<br>있으나 일부 유아들<br>은 아직 이름 쓰기가<br>힘든 경우도 있음 | 학기 초에는 못할 수<br>도 있으나 7세 말에는<br>거의 모두 할 수 있음 |

| | | | |
|---|---|---|---|
| **쉬운 글자 읽기** | 대부분의 유아들이 아직 글자를 읽지 못함 | 일부 유아들은 쉬운 글자를 읽기 시작함. 대부분의 유아들이 언어 자극을 받는 시기임 | 7세 말 정도에는 쉬운 글자는 읽을 수 있는 경우가 많음 |
| **숫자 세기** | 유아에 따라 개별차 있으나 10 이하의 수를 배워나가는 중 | 1-10까지 셀 수 있음 | 10 이상의 숫자도 셀 수 있는 유아들도 있음 |

# 우리 아이는 부끄러움이 많고 소심해요.

유치원의 수업 시간을 들여다보면, 엉덩이를 들썩이며 몇 번씩이나 손을 드는 아이가 있는 반면 자발적으로는 손을 들지 않는 유아들이 있습니다. 모두가 돌아가면서 발표를 해야 할 때는 마지못해서 작은 목소리로 할 때도 있지만, 선택권이 주어질 때는 잘 하지 않지요. 동네에서 이웃을 만났을 때 인사하는 것도 수줍어 쭈뼛거리다 엄마 뒤로 숨어버리는 유형의 아이들입니다.

아이들은 저마다 타고난 기질이 다릅니다. 어떤 아이는 매사에 활기차고 명랑하고요, 어떤 아이는 조용하고 수줍음이 많습니다. 아이들의 기질에는 좋고 나쁨이 없습니다. 다만 아이들의 각기 다른 기질을 존중해 주면서 건강하고 행복한 사회화를 도와줄 뿐입니다.

부끄러움이 많고 소심한 아이는 이렇게 도와주세요.

## 마음을 읽어주세요.

만약 엄마가 활기차고 씩씩한 성격이라면 소심한 우리 아이의 마음을 읽어주는 것은 쉬운 일이 아닙니다. 엄마 입장에서는 답답하겠지요.

하지만 답답한 마음을 내려놓고 이렇게 말해주세요.

> "너의 생각은 어때?"
>
> "말하고 싶을 때 말해도 돼."
>
> "다 괜찮아."

## 자신감을 키워주세요.

제대로 된 칭찬과 엄마의 인정, 격려는 아이의 자신감을 키워줍니다. 나도 할 수 있다는 생각을 가지도록 도와주세요. 사소한 것이라도 엄마가 해주는 인정의 말은 아이에게는 큰 힘이 됩니다. 아이에게 성공 경험을 많이 할 수 있도록 하고, 아이가 좋아하는 일은 반복을 통해서 유능감도 느낄 수 있도록 도와주세요.

## 부모의 인내심이 필요합니다.

하루아침에 아이의 기질이 변하지는 않습니다. 내 아이의 성격을 내가 고쳐 보겠다는 생각은 버려야 합니다. 일관성 있게 아이의 마음을 존중해 주며 아이의 마음을 편하게 해줄 때 아이는 조금씩 변화할 수 있어요.

## 아이를 대하는 부모님의 양육방식을 되돌아보세요.

아이의 기질뿐 아니라 주변 환경이 지나치게 엄격하다면 아이가 소극적인 성향이 더 강화될 수 있습니다. 아이의 행동을 부모의 기준으로 평가한다거나 제약이 많으면 위축될 수 있어요. '이러면 다시는 안 사 준다.', '이렇게 하지 말라고 했잖아.'하고 나도 모르게 무심코 자주 내뱉는 말들이 소심한 유아에게는 크게 와닿을 수 있습니다.

그리고 아이를 잘 케어하고 싶은 부모 마음에 이것저것 과도한 관심과 보호를 하는 환경도 아이를 소극적으로 만들 수 있어요. 엄마의 도움이나 허락 없이 혼자 무언가를 해보는 것이 두렵기 때문이에요.

기질은 태어날 때부터 타고나는 아이들 마다의 성질입니다. 기질은 유전적인 성향이 커서 완전히 다른 기질로 바꿀 수는 없지요. 하지만 성격은 타고난 성질을 바탕으로 환경적인 요인과 맞물려 형성이 됩니다. 소심하고 수줍음이 많은 기질의 아이들은 선생님과 부모님의 도움으로 자신감이 넘치고 신중한 성격으로 만들어갈 수 있어요. 내 아이의 타고난 기질을 인정하고 받아들여야 아이의 올바른 성격 형성을 이룰 수 있습니다.

# 3장

알아 두면 좋은
우리 아이
유치원 생활

# 설레는
# 등원 첫날

새로운 유치원에 아이를 보내고 나면, 우리 아이가 새로운 환경에서 새로운 친구들, 새로운 선생님을 만나 잘 적응을 할 수 있을지 걱정이 됩니다.

'우리 아이는 12월생인데 잘 따라갈 수 있을까?'

'우리 아이는 밥을 잘 안 먹는데 선생님이 억지로 먹으라고 하면 어떡하지?'

'우리 아이는 이렇게 많은 아이들과 생활하는 기관 경험은 처음인데 괜찮을까?'

와 같은 걱정들이 드는 것이 당연합니다. 우리 아이가 등원 첫날 잘지 냈는지, 밥은 잘 먹었는지 너무 궁금하겠지만 **등원 첫날부터 며칠 동안** 은 아이를 지켜보며 가정에서 아이가 유치원에 잘 적응할 수 있도록 도 와주세요.

## 아이의 마음을 다독여 주세요.

　담임 선생님이 첫날에 따로 연락 준 일이 없다면 무사히 잘 지냈다고 생각하면 된답니다. 혹시 아침에 울었다거나, 밥을 한 숟가락도 못 먹었 다거나, 친구 관계에서 문제가 있었다면 선생님이 알려줄 거예요. 부모 님은 가정으로 돌아온 아이에게 편안한 분위기에서 오늘 하루 어땠는 지 물어봐 주세요. 그리고 오늘 하루 유치원에 잘 다녀온 아이를 격려 해 주고, 혹시 아이가 조금 낯설거나 두려웠다고 말한다면 곧 괜찮아질 거라고 다독여 주세요.

> "엄마는 새로운 유치원에서 하루를 잘 보낸 ○○이가 자랑스러 워."
>
> "새로운 친구들과 선생님을 만날 때 어땠어? 오늘은 어색했을 수도 있지만 조금만 지나면 금방 괜찮아질 거야. 엄마가 늘 곁에 서 우리 ○○이를 지켜주고 응원할게."

입학한 첫 주는 우리 아이 적응과 관련하여 궁금한 것이 있더라도 조금만 지켜봐 주세요.

요즈음은 **처음학교로**를 통해서 유치원 입학을 하다 보니 선생님이 아이들의 얼굴을 모릅니다. 그래서 교사는 등원 첫날 아이들의 이름과 얼굴을 익히는 게 첫 업무입니다. 그리고 등원 시간, 놀이 시간, 대집단 활동 시간, 급식 시간 등 활동 별로 유아들이 익혀야 할 기본 생활 습관을 지도하게 됩니다. 유아들이 새로운 유치원 시스템 속으로 안정감 있게 적응할 수 있도록 돕는 것에 중점을 둡니다. 적응의 첫 단추를 잘 끼워야 앞으로의 유치원 생활이 즐거워지거든요.

이런 이유로 등원 첫날 귀가할 때 부모님들로부터 '우리 아이 오늘 반찬은 좀 먹었나요?', '우리 아이 오늘 화장실은 다녀왔나요?'와 같은 질문을 받으면 곤란할 때가 있습니다. 사실 학기 초 며칠은 아이들의 적응이 우선이라 개별적인 특성까지 파악하기 힘들거든요. 하지만 1~2주 정도 지나면 유아들이 유치원 일과에 조금씩 적응해가고, 선생님도 유아들을 파악하기 시작합니다. 유아들의 밥 양, 밥 먹는 속도, 화장실을 자주 가는지 등 개별적인 특성도 알게 된답니다.

## 등원 첫날 선생님께
## 꼭 말씀드려야 해요

등원 첫날 선생님께 꼭 말해야 할 사항들이 있습니다. 아이의 건강과 관련되어 교사가 반드시 알아야 하는 사항은 서류에 기록해서 제출을 했다고 하더라도 구두로 한 번 더 전달하는 것이 좋습니다. 예를 들면 알레르기가 있는 경우, 기저 질환이 있어서 유의해야 할 점이 있는 경우 등입니다. 그리고, 귀가 시간이 갑자기 변경된 경우도 선생님께 가급적 빨리 알려야 합니다.


## 문의 사항이 있어요

학기 초에는 아이에 대한 우려와 걱정뿐 아니라 부모님들도 새로운 기관이 낯설고 예전에 다녔던 기관과 다른 점이 많아 마음이 분주합니다. 설명회 때 설명을 들은 것 같은데 잘 기억이 나지 않는 것도 있습니다. 그럴 때는 유치원에서 배부한 안내장을 꼼꼼하게 읽어주세요. 입학하고 난 후 한동안은 안내장을 잘 보이는 곳에 두고 자주 보는 것도 좋습니다. 입학 설명회 때 받은 설명회 자료나 입학 첫날 받은 계획안, 안내문 등을 처음부터 천천히 읽어보면 도움이 됩니다. 안내문들을 읽어본 후에도 궁금한 사항이 있다면 무엇이든 문의하는 게 가장 좋은 방법입니다. '이런 걸 물어봐도 되나?'라고 생각하지 말고 질문을 통해 정확하게 아는 것이 유치원 생활에 도움이 됩니다.

유치원에서는 보통 3월 말, 4월 초 정도 1학기 상담을 시작합니다. 선생님과 상담하면서 우리 아이의 특성 및 유치원 생활에 대하여 알아보는 기회가 될 것입니다. 물론 상담 기간 이전에도 궁금한 것이 있다면 유치원 또는 담임 선생님께 물어볼 수 있습니다. 선생님과 원활한 소통을 하는 방법은 5장을 참고해 주세요.

# 유치원의
# 하루 일과

아침에 유치원에 등원한 우리 아이는 엄마와 떨어져 있는 시간 동안 하루를 어떻게 보낼까요? 유치원은 1교시, 2교시, 쉬는 시간 등 정해진 시간이 없고, 교과서도 없습니다. 유치원마다 또 학급마다 제각기 운영 방식은 다릅니다. 하지만 자세히 살펴보면 실제로 이루어지는 하루 일과는 비슷합니다.

## 등원 후

유아들은 아침에 교실에 들어와서 신발, 가방, 옷 정리를 합니다. 그리고 조용한 놀이를 하거나 책을 보면서 다른 친구들이 다 올 때까지 기다립니다. 모두가 등원하면 함께 모여 날짜, 날씨 등을 알아보고 오늘 어떤 활동을 할지 혹은 어제 했던 놀이가 오늘은 어떻게 진행될지 이야기를 나눕니다.

프로젝트 프로그램을 운영하는 유치원이나 생활주제를 중심으로 교육을 하는 유치원에서는 그날의 소주제나 활동에 관한 이야기를 나눕니다. 이렇게 이야기를 나누는 시간이 보통 수업이라고 생각하는 형태입니다. 모두 함께 모여서 한 가지 공통된 주제에 관하여 선생님과 아이들과 함께 소통하는 시간이지요. 유아들이 집중할 수 있는 시간은 길지 않아서 보통 이야기 나누기 시간은 20분을 넘기진 않습니다.


## 자유 놀이 시간

놀이 시간은 유아들이 자유롭게 놀이에 몰두할 수 있는 시간입니다. 주어진 과제를 수행하는 활동이 아닌 유아 스스로가 독립적인 주체가 되어 놀이를 선택하고, 친구들과 소통하며 자유롭게 놀이하는 시간입니다. 보통 **유아들이 가장 좋아하는 시간이**라고 할 수 있습니다. 자유롭게 놀이하는 시간이 무엇을 배우는 것과는 거리가 있어 보이지만 놀이 시간에 유아들은 많은 것을 배우고 익힙니다. 놀이가 가장 효과적인 배움의 방법이기 때문입니다. 그림을 그리고, 가위질하며 기초적인 기능을 익힙니다. 또한 친구들과 함께 놀이하기 위해서 필요한 사회적 기술을 익힐 수 있는 아주 중요한 시간이기도 합니다. 다양한 놀이 재료와 놀이 방법 등을 선택하며 자신이 무엇을 좋아하고 잘하는지 알아가는 시간이 되기도 합니다.

놀이는 그 무엇의 목적도 수단도 아닙니다. 놀이는 아이들의 본능이라고 할 수 있습니다. 아이들은 놀이의 주인공이 되어서 스스로 모든 것을 선택, 결정하고, 의미를 만들어 갑니다. 누가 시킨 것이 아니라 내가 놀이 주도권을 가지고 있기 때문에 즐겁게 몰입할 수 있습니다. 아이들은 이런 놀이를 통해서 성장하고 세상을 알아가게 됩니다.

## 대 · 소집단 활동

앞서 소개한 등원 후 진행되는 이야기 나누기 시간처럼 대그룹으로 모두 앉아서 수업의 형태로 진행되는 활동을 **대집단 활동**이라고 합니다. 이야기 나누는 시간 외에도 노래, 미술, 동시, 동극, 신체 표현 등이 있습니다. 최근 놀이 중심 교육과정에서는 지양하고 있는 형태의 수업입니다만 현실적으로 유치원에서 많이 이루어지는 수업 형태입니다. 수업의 형태를 띠고 있지만 그 방법은 유아들이 자기 생각을 마음껏 이야기하고, 친구들의 의견을 들어주고, 함께 아이디어를 창출하는 등 유아들이 중심이 되어 진행됩니다. 소집단 활동은 대집단 활동과 내용은 같은 활동인데 인원이 소그룹으로 진행되는 활동입니다. 소그룹 활동은 놀이 시간에 병행되는 경우가 많습니다. 그룹별 미술 활동, 언어 활동 등 대그룹으로 진행이 힘든 활동은 소그룹 형태로 진행됩니다.

## 오전 간식

유치원에 따라 오전 간식이 있기도 하고 없을 수도 있습니다. 오전 간식은 우유를 마실 수도 있고, 죽이나 과일 등 식단에 따라 간단한 간식을 먹을 수도 있습니다. 유아들은 신체 구조상 세 끼의 식사만으로는 부족합니다. 한 번에 소화할 수 있는 양이 적기 때문이에요. 아이들의 건강한 신체 발달을 위해서는 식사와 식사 시간 사이에 간식 시간이 필요하답니다. 오전 간식 시간을 운영하지 않는 유치원일 경우는 아침 식사를 최대한 든든하게 먹여서 보내는 것이 중요합니다. 아침밥을 먹고 유치원에 와도 11시 정도가 되면 배가 고프다는 유아들이 생각보다 많습니다.

## 바깥 놀이

실외 놀이터, 모래 놀이, 신체 활동, 텃밭 가꾸기, 동물 기르기, 산책, 게임 등 밖에서 이루어지는 모든 활동을 바깥 놀이라고 합니다. 교실 안에서 아무리 즐겁게 놀이하며 지낸다고 해도 한창 몸을 움직일 유아들은 하루 종일 교실에서만 생활하는 것은 답답하다고 느낍니다. 유아들은 매일 밖에 나가서 몸을 움직이고 자연을 느끼고 신체 활동을 하고 바깥 공기를 마시는 시간이 반드시 필요합니다. 유치원 교육과정에서도 매일 바깥 놀이를 할 것을 권장합니다. 유치원을 선택할 때 유아들이 바

깥에서 놀이할 수 있는 충분한 공간이 있는지 확인하는 것이 중요한 조
건 중의 하나라고 말한 이유입니다. 기후 상황 등으로 밖에 나가는 활동
이 제약될 때에는 강당, 체육관, 교실 내 대근육 활동 등을 통해서라도
유아들의 신체 활동을 합니다. 바깥 놀이는 유아의 신체적 발달뿐 아니
라 정서적 사회적 발달에도 도움을 주기 때문에 반드시 넓은 공간에서
몸을 움직이는 활동이 필요합니다.

## 급식

유치원의 시설에 따라 교실에서 혹은 급식실에서 급식이 이루어집니
다. 식단표에 따라 급식이 제공됩니다. 급식 식단은 부모님께 매월 공지
되거나 홈페이지를 통해서 확인할 수 있습니다. 급식 시간은 대부분의
유아들이 좋아하고 기다리는 시간입니다. 교사는 다수의 유아들에게
배식하고, 음식을 잘라주고, 잘 먹을 수 있도록 관리하느라 분주한 시
간입니다. 알레르기가 심한 유아는 매월 식단표가 나오면 알레르기 관
련 음식이 있는지 확인 후 당일에 담임 선생님께 한 번 더 말씀드리는
것이 좋습니다. 물론 선생님들도 신경을 씁니다. 편식이 아주 심한 유아
의 경우는 급식 시간을 부담스러워할 수 있습니다. 선생님과 미리 상의
하여 아이의 급식지도 방향을 정하는 것이 좋습니다.

## 특성화 프로그램

　방과후과정에서는 특성화 프로그램 수업이 진행되는 경우가 많습니다. 특성화 프로그램은 방과 후 선생님이 진행하는 교재 활동을 비롯하여 외부 강사가 유치원으로 와서 실시하는 특정 프로그램 모두를 의미합니다. 예를 들어 영어, 유아 체육, 과학 놀이, 블록 놀이, 클레이 수업 등이 있습니다.

## 오후 간식

　오후까지 유치원에 머무는 방과후과정(종일반) 유아들은 오후 간식을 먹습니다. 간식은 가정에서 개별적으로 간식을 준비해서 오기도 하고, 유치원에서 간식을 구입하여 제공하기도 합니다. 대부분의 유치원에서는 유치원에서 간식을 준비하고, 매달 간식 식단도 제공됩니다. 유치원에 따라 간식 식단이 빵, 떡 등 기성품으로만 제공되는 경우도 있고, 찐 감자, 찐 달걀 등 반조리 음식이 함께 제공되는 경우도 있습니다.

　유치원에서의 하루 일과는 정해져 있지 않고 유치원마다, 학급마다 다릅니다. 하지만 유아들과 함께 진행하는 수업은 놀이 주제, 프로젝트 주제, 생활주제에 따라 내용만 달라질 뿐 그 방법은 비슷합니다. 유치원에서 다양하게 활동을 하고도 하루 종일 놀았다고 표현하는 경우가 많은데 모든 활동이 즐겁고 재미있게 놀이식으로 진행되기 때문입니다.

# 유치원의 하루 일과 예시

| 시 간 | 시 량 | 교육과정 |
|---|---|---|
| 08 : 40 - 09 : 00 | 20분 | 등원 |
| 09 : 00 - 09 : 10 | 10분 | 아침 독서 |
| 09 : 10 - 09 : 30 | 20분 | 대집단 활동(이야기 나누기) |
| 09 : 30 - 09 : 40 | 10분 | 화장실 다녀오기 및 오전 간식(우유) |
| 09 : 40 - 10 : 40 | 60분 | 자유 놀이 |
| 10 : 40 - 10 : 50 | 10분 | 정리 · 정돈 및 평가 |
| 10 : 50 - 11 : 10 | 20분 | 대 · 소집단 활동<br>(동화 · 동시 · 동극, 음악, 미술 등) |
| 11 : 10 - 12 : 10 | 60분 | 바깥 놀이 및 대근육 활동<br>(모래 놀이, 놀이터, 줄넘기, 훌라후프 등) |
| 12 : 10 - 12 : 50 | 40분 | 점심 식사 |
| 12 : 50 - 13 : 00 | 10분 | 평가 |

| 시 간 | 시 량 | 방과후 과정 |
|---|---|---|
| 13 : 00 ~ 13 : 50 | 50분 | 오후 자유 놀이 및 실외 활동 |
| 13 : 50 ~ 14 : 30 | 40분 | 방과후과정 특성화 활동 |
| 14 : 30 ~ 15 : 00 | 30분 | 1차 귀가 |
| 15 : 00 ~ 15 : 30 | 30분 | 오후 간식 |
| 15 : 30 ~ 16 : 00 | 30분 | 미니 도서관 활동 |
| 16 : 00 ~ 17 : 00 | 60분 | 정리정돈 및 개별 귀가 |

# 유아·놀이 중심
# 교육과정 이해하기

교육기관에는 '교육과정'이라는 것이 존재합니다. 교육과정이란 쉽게 말해서 교육기관에서 배우는 내용입니다. **교육부에서 제시하고 있는 국가 수준의 유치원 교육과정의 정식 명칭은 '2019 개정 누리과정'입니다.** 유치원과 어린이집에 다니는 만 3세 ~ 만 5세 유아들에게 공통적으로 적용되며 2020년 3월부터 시행되었습니다.

**2019 개정 누리과정을 지칭하는 용어가 '유아·놀이 중심 교육과정'** 입니다. '놀이'는 유치원 교육과정에서 늘 중심에 있었습니다. 유아들에게서 놀이를 떼어놓고는 유치원 생활을 설명할 수가 없지요. 그런데 유난히 2019 개정 누리과정에서는 놀이 중심, 유아 중심이라는 말을 많이 하며 강조하고 있습니다. 무엇이 어떻게 달라진 걸까요?

개정 이전 국가 수준의 교육과정은 생활주제 중심의 교육과정이었습니다. 하나의 생활 주제를 중심으로 다양한 활동을 진행합니다. 예를 들어 '봄'이라는 생활 주제를 중심으로 봄과 관련하여 기본적인 지식과 관련하여 이야기 나누고, 봄과 관련된 노래를 배우고, 동시도 들어보고, 봄과 관련된 게임도 합니다. 봄과 관련된 미술 활동도 하고 동극 활동도 합니다. 자유선택놀이 시간에도 봄과 관련된 교구들이 제공되어 언어, 수, 역할, 쌓기, 미술 놀이 등이 진행됩니다. 하나의 주제를 중심으로 놀이라는 방법을 통하여 다양한 활동이 진행되었습니다. 하지만 유아 자발적인 놀이는 아닙니다. 교사가 계획한 생활 주제 중심의 활동이 놀이의 형태로 진행되었다고 볼 수 있습니다.

2019 개정 누리과정에서는 **유아와 놀이가 교육과정의 중심**에 있습니다. 교사가 미리 계획한 활동이 아닌 유아들의 흥미와 관심에 따른 놀이가 진행됩니다. **유아가 놀이의 주체가 되어 자발적으로 몰두하는 진짜 놀이를 통하여 다양한 경험을 하며 배움이 일어남을 강조합니다.** 놀이할 수 있는 시간을 충분하게 제공하고 놀이에 충분히 몰입하는 경험을 할수록 아이들은 성장합니다. 주어지고 짜여진 교육과정에서 벗어나 교육 주체들이 함께 만들어가는 교육과정으로 볼 수 있으며 각 유치원, 각 학급마다의 다양성이 존중됩니다.

놀이 시간은 아무것도 하지 않는 시간이라는 생각이 들 수도 있습니다. 놀이 시간이 너무 길까 염려되기도 합니다. 하지만 진짜 놀이 시간은 유아들도 교사들도 분주한 시간입니다. 유아들은 누구랑 놀지, 오늘은 무슨 놀이를 할지, 어떤 것을 가지고 놀지 스스로 생각하고 선택해야 합니다. 혼자서 놀 때도 있지만 친구들과 함께 놀이할 수도 있기 때문에 친구들 사이에서 적절한 타협점도 찾아야 합니다. 나는 아이스크림 놀이를 하고 싶은데 내가 함께 놀고 싶은 친구는 색종이 놀이를 하고 싶을 때 어떻게 해야 하는지 자연스럽게 익히게 됩니다. 물감 놀이를 할 때 종이에 특별히 무엇을 그리지 않아도 마음대로 색을 섞어보고 뜻밖의 아름다운 결과물에 감탄하기도 합니다. 겉으로 보기에는 매일 반복되는 똑같은 놀이처럼 보여도 유아들은 반복을 통해 유능감과 성취감을 느낍니다. 유아들은 이렇게 놀이의 시간과 공간 속에서 자신도 모르게 세상을 배우고 있습니다.

선생님은 유아·놀이 중심 교육과정에서 아이들의 놀이를 관찰하고 지원할 수 있는 능력을 갖추고, 아이들의 놀이가 확장될 수 있도록 지원하는 역할을 합니다. 더불어 늘 아이들에 대해 민감성을 가지고 반응해주며 유아들의 발달과 흥미에 적합한 공간과 자료를 제공합니다. 유아들의 다양성과 무한한 가능성을 열어주는 역할을 하는 것입니다.

유아는 놀이의 즐거움 속에서 몰입을 경험하고, 새로운 것을 발견하며 부정적인 감정을 해소합니다. 유치원은 안전하고 편안한 공간에서 흥미로운 재료와 놀잇감을 충분히 제공합니다. 유치원 교실 안에서 최소한의 약속을 지키며 아이들은 다양한 놀이를 경험합니다. 아이들은 놀이에서 주도적인 역할을 하며 이러한 경험은 유아들이 자신의 삶의 주인공으로 살아가게 하는 바탕이 됩니다. 더불어 즐겁게 놀면서 자율성,

창의성, 사회성, 감수성 등을 성장시키고 자신에 대한 긍정적인 자아, 자존감도 길러지게 됩니다. 놀이를 통해서 교육의 목표에 다가가고 유아들의 전인적인 성장 발달을 도모하는 것 유아•놀이 중심 교육과정이 추구하는 방향입니다.

# 유치원 급식 시간 엿보기

유치원에 간 우리 아이가 잘 노는 것 다음으로 걱정되는 것이 잘 먹는 것이지요? 아직 가정에서 혼자서 밥을 먹는 습관이 잘 형성되지 않았거나, 편식이 있거나 체구가 작은 아이의 부모님들께서 급식과 관련하여 걱정하는 모습을 자주 봅니다. 유치원에서 양적으로 질적으로 풍요로운 식사 시간이 되도록 하려면 어떻게 하면 좋을까요? 먼저 유치원에서 아이들이 어떻게 밥을 먹는지 알아보겠습니다.

유치원마다 급식의 형태가 다릅니다. 어떤 유치원은 개별 식판을 가지고 다니고, 어떤 유치원은 식판과 수저가 제공됩니다. 어떤 유치원에서는 교실에서 급식을 먹고, 어떤 유치원에서는 급식실로 이동하여 급식을 먹습니다.

# 교실 급식

　　교실 급식은 교실 앞으로 급식차가 배달 와서 교실에서 배식과 급식이 이루어지는 형태입니다. 선생님께서 유아들의 식판에 음식을 배식하고, 교실 책상에 앉아서 밥을 먹게 됩니다. 편안한 분위기에서 친구들과 이야기하면서 급식을 먹을 수 있고, 더 먹고 싶을 때 식판을 가지고 나와서 더 받아 가기도 합니다. 다 먹고 난 후 식판 정리도 교실에서 이루어집니다. 놀이하던 교실에서 편안하게 급식을 먹을 수 있고, 선생님이 한 명, 한 명 배식해 주고 먹고 난 후의 정리를 도와주기 때문에 개별 유아의 급식 지도에 효과적일 수 있습니다. 하지만 선생님이 직접 배식과 정리를 하다 보니 급식 시간이 길어집니다.

　　소규모의 학급은 크게 문제가 될 것이 없지만 20명이 넘는 유아가 있는 교실이라고 가정했을 때, 마지막 아이가 급식을 받을 때 첫 번째 받은 아이는 다 먹는 경우가 생깁니다. 혹은 친구들의 배식을 기다렸다가 동시에 식사를 시작하는 학급의 경우에는 첫 번째 유아의 대기 시간이 깁니다. 그리고 마지막 유아가 먹은 급식판을 정리하고 급식차와 책상, 교실 바닥을 정리해야 다음 활동으로 진행될 수 있기 때문에 급식실에서 급식할 때 보다 소요되는 시간보다 길다고 할 수 있습니다.

## 급식실 급식

정해진 점심시간에 급식실로 이동하여 급식실에서 급식을 먹는 형태입니다. 급식실로 이동하는 불편함이 있지만 준비된 쾌적한 급식 공간에서 여러 명의 조리사님이 배식을 해주기 때문에 원활하게 배식이 이루어집니다. 급식실에서는 모두가 식사하는 분위기라서 교실보다 밥을 열심히 먹는 효과도 얻을 수 있어요. 물론 더 먹고 싶은 음식은 더 받아서 먹을 수 있습니다. 위생적인 측면에서 장점이 있지만 급식실에서는 우리 반뿐만 아니라 다른 반 아이들과도 함께 밥을 먹기 때문에 교실 급식처럼 편안하고 안락한 분위기는 연출되지 않습니다. 급식실에서 급식판 정리는 유아 연령에 따라, 유치원에 따라 달라요. 유아들이 직접 정리하기도 하고 선생님이 도움을 주기도 합니다.

교실 급식, 급식실 급식은 유치원의 환경 여건에 따라 다릅니다. 어떤 곳에서 밥을 먹느냐보다 어디에서 급식을 먹든 우리 아이가 식사 시간에 즐겁고 맛있게 골고루 먹는 것이 중요합니다.


## 우리 아이는 편식이 심해요. 어쩌죠?

아이마다 좋아하는 음식, 싫어하는 음식이 다릅니다. 모든 음식을 골고루 잘 먹는 아이는 많지 않습니다. 매운 음식을 먹을 수 있는 정도도 개별적인 차이가 큽니다. 요즘 유치원에서는 아이들이 먹고 싶지 않은 음식은 더 먹이지 않아요. 아이가 못 먹겠다고 의사를 표현하면 강요해서 먹일 수는 없습니다. 그래서 가정에서 올바른 식습관이 형성되도록 지도해야 하는 중요성이 높아졌어요. 식단표를 보고 우리 아이의 영양에 불균형이 오지 않도록 하원 후 가정에서 저녁을 든든히 먹이는 편이 좋습니다. 유치원에서 조금 더 잘 먹고 오길 바라는 경우라면 선생님께 부탁을 드리는 방법도 괜찮습니다. 억지로 강요하진 않더라도 한두 번 더 먹어보라고 권유를 해달라고요.

## 우리 아이는 알레르기가 있어요.

음식에 알레르기가 있는 경우는 입학 첫날부터 담임 선생님께 반드시 알려야 할 부분입니다. 제출 서류에 작성을 했어도 한 번 더 개별적으로 **선생님께 말씀해 주세요.** 입학 날 혹은 입학식 다음 날부터 급식이 실시되니까요. 유치원에서 받은 식단표에 먹으면 안 되는 음식을 표기해서 선생님께 드리는 것도 좋은 방법입니다. 학기 초에는 여러 명의 유아들을 파악하느라 담임 선생님이 놓칠 수도 있는 사항입니다. 건강에 직결되는 문제이니 여러 번 당부드리는 것을 추천합니다.

# 잘 먹는 아이로 키우고 싶어요.

● 싫어하는 음식을 억지로 강요하지 마세요.

아이들이 잘 먹지 않을 때 엄마들은 조바심이 납니다. 골고루 잘 먹어야 키도 크고 살도 찌고 정상적인 발육을 할 텐데 말이지요. 아이들은 엄마의 마음을 정말 잘 알아차립니다. 엄마가 조바심을 내고 더 먹이려고 하면 더 달아나고 오히려 앞으로 더더욱 그 음식은 먹고 싶어 하지 않을 수도 있어요. 요즘은 영양 과잉이 더 문제가 되는 시대입니다. 다른 음식이나 영양제 등으로 영양분은 공급이 가능하니 엄마의 불안함과 조바심은 잠시 내려놓으세요. 그리고 싫어하는 음식에 대해서 조금은 태연하게 대처해 보세요. 어릴 때는 싫어하는 음식도 커가면서 먹게 되기도 한답니다.

● 맛있게 먹는 모습을 보여주세요.

새로운 음식을 접할 때, 부모님들이 맛있게 먹는 모습을 보여주세요. 예를 들어 미역줄기 반찬을 먹으며 엄마, 아빠가 '너무 맛있어 여보, 한 번 먹어봐요' 하면서 아이 앞에서 진짜로 맛있게 먹어 보세요. 아이가 관심을 가질 때 '이건 애들은 잘 못 먹을 텐데' 하며 너스레도 떨고요. 아이는 나도 한번 맛보고 싶다는 생각이 들 수도 있고, 심지어 먹게 될 수도 있어요.

● 아이와 함께 장을 보고 요리를 해보세요.

아이가 좋아하는 음식을 만들기 위해 함께 재료를 사러 가보세요. 그리고 마트에서 필요한 재료를 찾는 놀이를 해보세요. 요리 재료 찾기 게임을 하듯 아이랑 필요한 재료를 찾아서 카트에 담아 주세요. 좋아하는 재료를 5개 이상 카트에 담고 한껏 즐거울 때 '여기에 당근이 들어가야 한다고 레시피에 나와 있네. 꼭 들어가야 한다고 나오는데'하고 아이의 반응을 살펴봐 주세요. 엄마 말이 끝나기도 전에 먼저 당근을 찾으려고 뛰어가는 아이를 보게 되는 기적 같은 일이 생길 수도 있어요. 그리고 당근 썰기, 당근 갈기 등을 아이에게 시켜주세요. 엄마와 함께 단둘이 즐겁게 만든 요리는 맛있게 먹을 가능성이 높아요.

● 같은 재료라도 다양한 방법으로 조리해서 맛있게 제공해주세요.

연근을 잘 먹지 않는 유아를 예로 든다면 연근을 얇고 바싹하게 튀겨서 연근 칩 과자처럼 만들어 줄 수 있어요. 연근을 갈아서 아이가 좋아하는 전을 부칠 때 넣을 수 있어요. 또 연근 가루를 활용해서 아이가 좋아하는 음식 위에 눈처럼 뿌려서 먹을 수도 있어요. 다양한 조리 방법 중에서 아이가 좋아하는 스타일로 조리 방법을 선택해 주세요.

또한 요리할 때 아이에게 요리 역할을 부여해 주세요. 예를 들어 연근을 갈아서 아이가 좋아하는 감자전 반죽에 함께 넣기로 했으면 아이에게 '곱게 잘 갈아야지 잘 섞이고 맛이 좋아진대. 우리 ○○이가 잘 해줘'라고 말해주세요. 아이들은 자신에게 주어진 역할에 최선을 다합니다. 아이는 스스로 요리를 한다는 자부심과 책임감을 느끼게 됩니다. 그리고 자신이 만든 음식에 애착을 느끼고 즐겁게 먹게 될 거예요.

● 밥을 잘 먹어야 간식도 먹을 수 있어요.

수시로 내가 좋아하는 간식을 마음껏 먹을 수 있다면 밥을 잘 먹지 않는 것은 당연합니다. 밥을 든든히 먹어야 간식을 먹는 것은 기본이에요. 밥을 좀 부실하게 먹은 것이 마음에 쓰여 간식을 주는 것은 아이의 잘못된 식습관을 형성하게 된답니다. 한 끼 정도 부실하게 먹었다고 해도 중간 간식을 먹지 않는 것이 좋아요. 배가 고픈 상태가 되어야 다음 식사를 든든하게 먹을 수 있기 때문이에요. 식습관은 하나의 습관입니다. 잘못된 습관을 갖고 있다면 고쳐서 바른 습관을 만들어줄 수 있어요. 이런 대화는 아이의 반발심만 불러일으킵니다.

"밥 안 먹었으니까 오늘 간식은 없어."
"그러니까 아까 밥을 다 먹지 그랬어."

위의 대화처럼 아이와 괜한 신경전을 벌일 필요는 없어요. 아이에게 화남, 원망, 짜증을 실어서 말을 하면 아이들은 금세 알아차립니다. 밥 먹기에 대한 반발심만 더 키우게 될 뿐이에요. 밥을 안 먹어서 간식을 못 먹는 것보다 **밥을 다 먹고 간식도 먹는 방향으로** 아이를 이끌어 주는 것이 중요합니다. 다음의 대화는 긍정적인 효과를 가져올 수 있어요. 아이가 밥을 잘 먹고 싶은 마음이 생기도록 이야기해 주세요.

> "오늘 ○○이가 엄마랑 밥 다 먹고 간식을 먹기로 약속하더니 밥을 깨끗이 다 먹었네. 잘했어. 있다가 맛있는 간식 먹자."

아이가 밥을 잘 안 먹고 있거나 평소와 같더라도 이렇게 말해보세요. 아이가 먹고 싶은 마음이 생기게 상냥하고 친절하게 이야기하는 것이 중요합니다. 밥을 잘 안 먹어도 긍정적인 어투로 말해주세요.

> "우리 ○○이 원래도 밥을 잘 먹는데 오늘은 더 잘 먹네. 밥 다 먹고 엄마랑 같이 간식도 먹자~."
>
> "요만큼만이라도 다 먹어볼까? 이 정도는 당연히 먹을 수 있지? 밥 다 먹고 엄마랑 같이 간식도 먹자~."

● 영양분과 음식과의 관계를 설명해 주세요.

아이들은 영양분과 음식과의 관계를 잘 몰라요. 싫어하는 것은 안 먹으면 되는데 엄마가 왜 자꾸 먹으라고 하는지 이해하지 못하고 있는 경우가 많습니다. 내가 먹는 음식들에는 내 몸을 자라게 하는 영양분들이 들어 있다고 설명해 주세요. 음식마다 가지고 있는 영양분이 모두 달라서 몸이 건강해지기 위해서는 음식을 골고루 먹어줘야 한다고 알려주세요. 내가 오이를 먹지 않으면 내 몸에서는 오이에 들어 있는 영양분이 없어서 잘 자라지 못한다고요. 그래서 **내 입은 싫어해도 몸에 필요한 음식들을 골고루 먹어줄 필요가 있음을 설명해 주세요.** 싫어하는 음식은 먹지 않아도 된다는 생각에서 그걸 내가 참고 먹어줘야 내 몸이 건강해진다는 생각으로 바뀔 수 있도록요.

● 아이 앞에서 이런 말을 삼가주세요.

"우리 애는 내가 아무리 잘게 썰어도 채소만 들어가면 기가 막히게 알아채고 안 먹어."

"넌 네가 좋아하는 것만 어쩜 그렇게 잘 골라 먹니?"

"엄마가 당근을 잘 숨겼는데 어떻게 안 거야?"

이런 말들은 싫어하는 음식은 안 먹어도 된다는 것을 더 강화해줄 수 있어요. 엄마가 숨겨놓은 채소를 내가 찾아냈다는 승리감을 느끼게 해주거든요. 편식하는 아이에게 편식할 때마다 엄마가 지적하면 식사시간이 즐거워질 수 없어요. 가끔은 모르는 척 넘어가기도 하고, 부담스럽게 강요하지 않고 앞서 소개한 방법들을 하나씩 활용해 보며 즐거운 식사 시간을 만들어 보세요.

# 유치원에서의
# 한글 교육

유치원 신입생 모집 기간 혹은 1학기 상담에서 많이 받는 질문 중 하나가 **"유치원에서 한글 떼주나요?"**입니다. 특히 7세 유아의 부모들이 가장 걱정하고 염려하는 부분입니다.

이 질문에 대한 대답은 '유치원에서는 한글을 떼주지 않습니다. 하지만 아이들에게 자연스러운 언어 자극을 통해 즐겁게 한글을 익혀갑니다.'

아이들은 각자 발달의 속도가 모두 다릅니다. 어떤 아이는 6세 봄에 한글을 읽고, 어떤 아이는 7세 가을에 한글을 읽을 수 있게 됩니다. 한글은 '깨우친다'라는 표현처럼 어느 시점에 아이가 갑자기 궁금한 글자들이 생기고, 쉬운 글자들을 더듬더듬 읽습니다. 그러다가 어느 순간 그림책을 읽고 있는 우리 아이를 발견하게 됩니다. 이렇게 글을 읽기까지 각자의 시기가 다르지만 읽기 시작하면 금방 깨우치는 것이 한글입니다. 하지만 시간이 지난다고 저절로 그 순간이 오는 것은 아닙니다. 쌓이고 쌓인 언어적 노출이 아이의 성숙과 맞물린 적절한 시점에 한글을 깨우치게 됩니다. 유치원에서 실시하는 한글 교육이란, 한글을 깨우칠 날이 각기 다른 유아들에게 말하고 듣고 읽고 쓰는 다양하고 풍부한 언어적 자극을 노출하는 교육입니다.

영어 학원(유치원)에 가면 아이들이 영어에 노출되듯 유치원에 오면 자연스럽게 한글에 노출됩니다. 들어오는 순간부터 신발장, 사물함 등 내 이름을 볼 줄 알아야 내 물건을 제자리에 정리할 수 있어요. 매일 알아보는 날짜판 활동으로 6세 겨울 즈음에는 '월 화 수 목 금 토 일' 정도는 구분할 줄 알게 됩니다. 아이들과 함께 부르는 노랫말 가사는 늘 선생님이 짚으며 읽어주시고요, 가끔 동시를 외우기도 합니다. 누구는 한글을 잘 읽고 누구는 못 읽을 수도 있으므로 선생님은 늘 친절하게 모든 글자를 읽어주십니다. 놀이 시간에 엄마에게 편지를 쓸 때 모르는 글자는 선생님께 물어보면 언제든지 적어 줍니다. 교실에서 미술 놀이를 할 때도 작품에 내 생각과 제목을 쓰기도 합니다. 다른 친구가 뭘 썼는지 궁금해서 읽고 싶은 호기심도 자연스럽게 생기지요.

유치원에서의 한글 교육이 진행되는 동안 선생님들이 가장 조심하는 부분이 있습니다. 혹시나 한글을 모르는 유아가 주눅 들거나 좌절감을 느끼지 않도록 하는 것입니다. 한글을 몰라도 괜찮다는 편안한 분위기

속에서 한글을 모르는 유아들을 염두에 두고 모든 글자 활동은 쉽고 즐겁게 진행됩니다. 유아기의 어린이들에게 한글보다 더 중요한 것은 자존감과 자신감이기 때문입니다. 언젠가는 깨우칠 한글 때문에 '나만 글자를 몰라', '나만 못하나 봐'하는 좌절감을 학습시킬 필요가 없습니다.

유치원에서는 유아들의 발달과 흥미에 맞추어 자연스럽게 문자 환경을 접하게 합니다. 개별 유아의 자존감과 자신감을 북돋우며 언어교육이 이루어집니다. 즐겁게 놀면서 말하고, 듣고, 읽고, 쓰는 자극들이 차곡차곡 쌓여갈 때 유아들의 언어능력이 발달하게 됩니다. 그래서 이렇게 유치원에 다니다 보면 6~7세 즈음에 갑자기 글자에 대한 질문을 많이 한다거나, 쉬운 글자를 읽는다거나 글자에 관심을 보이는 시기가 꼭 온답니다. 드디어 이제까지의 언어적 자극들이 차곡차곡 쌓여서 한글을 깨우칠 때가 된 것입니다.

저희 첫째 아이는 7세 가을에 한글을 읽기 시작하였습니다. 한글을 깨우친 시기가 이른 편은 아니었죠. 한글을 빨리 깨우치는 게 중요하지 않고, 기다려주면 결정적 시기가 온다는 것을 잘 알고 있다고 하더라도 엄마로서 기다림의 시간 동안 조바심이 나기도 했습니다. 한 가지 분명한 것은 한글을 깨우치기만 하면 내 아이보다 일찍 한글을 알게 된 아이들과 금세 비슷한 수준이 된다는 것입니다.

한글을 떼고 나면 '한글을 언제 뗐느냐'가 아니라 '책을 잘 이해하고 얼마나 좋아하는가'가 훨씬 중요한 기준이 됩니다. 한글을 열심히 가르쳐서 일찍 떼기는 했지만, 그 과정에서 한글 읽기에 질려버린 유아는 남들보다 읽기 능력을 일찍 습득했어도 글자를 읽고 싶은 흥미가 낮을 수도 있습니다. 한글을 조금 늦게 깨우쳤어도 자신의 발달 속도에 맞추어 즐겁게 글을 알게 된 유아는 세상 모든 글씨를 읽고 싶어 하지요. 거리의 간판, 내가 좋아하는 그림책 등을 읽어내는 재미에 빠져버립니다. 억지로 다른 아이 속도에 맞춰서 한글을 무리하게 가르칠 필요가 없는 것이지요. **내 아이의 성향, 기질, 흥미, 재능을 관찰하면서 내 아이만의 한글 교육의 적기를 알아차리고 지원해 주는 것이 현명한 부모의 역할입니다.**

그렇다면, 한글에 관심을 가지기 시작한 우리 아이, 가정에서는 어떻게 도와줘야 할까요? 다음의 방법을 시도해 보세요.

## [방법 1]
## 그림책 활용하기

유아들의 언어발달에 그림책은 빠질 수 없는 훌륭한 교육 수단입니다. 그림 책의 풍성한 교육적 효과 중에서 '한글'과 관련지어 활용할 수 있는 간단한 놀이 방법 몇 가지를 소개하겠습니다.

1 낱말 카드에 평소에 자주 읽는 책의 제목 3~4개를 적고 뒤집어 놓습니다. 아이가 **제목만 적힌 낱말 카드** 하나를 뽑아 그 책을 찾아

오는 놀이를 할 수 있습니다. 제목의 모든 글씨를 모른다고 해도 아이들은 한두 글자로 제목을 읽어낼 수 있답니다. 낱말 카드를 바꿔가며 놀이한다면 아이가 좋아하는 책 제목을 조금씩 인지할 수 있게 됩니다. 아이가 책을 찾아오면 엄마가 그 책을 읽어주는 것으로 놀이를 마무리합니다.

2 아이가 조금 더 글을 읽을 수 있다면 엄마와 함께 책을 읽어보는 것도 좋습니다. 특히 대화체가 많은 책을 **엄마 한 줄, 아이 한 줄** 감정을 담아 읽는 것은 역할극을 하는 것처럼 재미있지요. 이때 주의할 점은 "이번엔 네 차례잖아" 하며 아이에게 읽기를 강요하지 않도록 합니다. 아이가 읽고 싶은 부분, 읽고 싶은 역할을 선택할 수 있도록 해주세요. 틀리게 읽을 때마다 정정해 주기보다는 자연스럽게 넘어가는 것도 괜찮습니다. 또 아이의 읽기 속도도 이해하고 기다려줘야 한답니다.

3 책에서 **아는 글자를 먼저 찾기 게임**도 할 수 있어요. 아이가 아는 글자 '수'가 들어간 낱말을 그림책에서 누가 먼저 찾나 시합해 볼 수 있어요.

4 아기 때 즐겨봤던 **한 페이지에 한 문장 정도 나오는 그림책**을 읽어보는 경험을 통해 한글을 읽는 성취감을 느껴보는 것도 좋습니다.

5 **한글이 그림책의 주제인 그림책**을 보는 것도 추천합니다.

# 일상생활 속 엄마표 놀이

우리 아이가 글자에 관심이 생기고 한 글자, 두 글자 보이는 대로 읽기 시작했다면 글자와 관련하여 집에서 다양한 놀이를 할 수 있습니다.

1. 아이가 관심 있어 하는 것의 **이름 카드 만들기**를 할 수 있어요. 예를 들면 공룡 이름 카드 만들기, 뽀로로 주인공 이름 카드 만들기 등 아이의 흥미에 따라 만들 수 있어요.

2. **마트 전단지 읽기 놀이**입니다. 마트 전단지는 아이들에게 매우 흥미로운 한글 놀잇감이에요. 선명한 사진과 글씨가 함께 있어 읽기가 부담스럽지 않아요. 전단지를 잘라서 낱말 카드를 함께 만들어보는 것도 좋습니다.

3. **포스트잇에 집 안 물건 이름을 적어 붙이기 놀이**를 할 수 있어요. 아이가 글씨를 쓸 수 있으면 직접 글씨를 쓰게 해도 되고, 아직 읽기 정도만 된다면 엄마가 써줄 수 있어요. 식탁, 책상, 의자, 소파 등 포스트잇에 써서 아이가 붙여보도록 해주세요. 어느 정도 익숙해지면 포스트잇을 섞어서 아무 데나 붙여놓고 아이에게 제자리에 붙여보기 놀이를 할 수도 있습니다. 아이가 한글을 읽는 수준에 따라 포스트잇 숫자를 적절하게 조절하여 성취감과 재미를 느낄 수 있도록 해주세요.

4. 좋아하는 **과자 봉지에서 아는 글자 찾기 놀이**를 할 수 있습니다.

아는 글씨를 하나 찾을 때마다 과자를 먹으며 즐겁게 놀이해 보세요.

이런 놀이들이 집에서 간단하게 할 수 있는 한글 놀이입니다. 이외에도 응용해서 다양하게 놀이할 수 있습니다. 다만 놀이할 때 중요한 점은 아이가 즐거움과 성취감을 느끼게 하는 것입니다. 아이가 흥미 없어 하거나 하기 싫어한다면 엄마가 정성껏 준비했어도 하지 않는 편이 좋아요. 놀이 재료들을 엄마가 모두 완벽하게 세팅하고 '○○아~ 엄마랑 한글 놀이하자'라고 하는 것보다 아이와 놀이 방법도 함께 정해보는 것이 아이의 흥미를 높일 수 있습니다. 최대한 아이의 의견을 많이 수용해 주세요. 어느 날 갑자기 한글을 읽고 있는 우리 아이를 만날 수 있을 것입니다.

## [방법 3]
## 교재 · 교구 활용하기

일반적으로 유아교육에서는 유아들을 대상으로 종이로 된 학습지 교육은 지양합니다. 아이의 발달이 늦더라도 기다려 주는 것이 정석입니다. 하지만 현실적으로는 초등학교 입학 전에 어느 정도 한글을 익히게 해주고 싶은 것이 엄마의 마음입니다. 초등학교에서 다른 아이들은 모두 한글을 아는데 나만 모른다면 정서적으로도 위축되거든요. 그래서 7세 정도 되면 유아용 한글 교재 교구 등을 활용해 보는 것도 좋습니다. 다만 교재를 활용하게 된다면 아이가 자발적으로 요구하고, 하고 싶은 마음이 있을 때 그 효과가 있습니다. 하기 싫어하는 아이에게 억지로 연필을 쥐어주거나 강압적인 방법으로 교재를 시키면 하지 않는 것만 못합니다. 아이를 격려해 주고 지지해가면서 한 글자, 한 글자 알아가는 기쁨을 느끼게 해주세요. 그리고 그렇게 알게 된 글자를 생활 속에서 찾아보고 앞에서 제시한 엄마표 놀이로 확장함으로써 아이에게 즐거운 경험이 되도록 해주세요.

## 그림책을 좋아하는 아이로 키워주세요.

부모가 자녀에게 줄 수 있는 가장 큰 선물은 책을 좋아하는 습관을 길러주는 것이 아닐까 합니다. 책 읽기를 즐기는 아이로 키우기 위해서 유치원 시기의 유아들에게 양질의 그림책을 제공하는 것은 필수지요. 유치원 시기에 좋은 그림책을 보며 즐거움을 느낀 경험은 책을 좋아하는 아이로 자라는 첫걸음입니다.

### 좋은 그림책의 조건

● 우리 아이에게 즐거움을 주는 그림책이 좋아요. 어떤 용도를 위해

만들어진 책이 아니라 읽으면 재미있는 책이 좋습니다.

- 아직 글씨로 이해하기보다 그림으로 스토리를 이해해요. 그림이 글의 내용을 잘 반영하고 있는지 살펴보세요.
- 아름다워야 해요. 한 장, 한 장이 예술 작품처럼 아름다움을 느끼게 해주는 그림책이 좋아요.
- 우리 아이가 이해하기 쉬운 친숙한 내용인지, 쉬운 언어로 표현되어 있는지도 살펴주세요.

## 좋은 그림책 선정 방법

- 어떤 그림책을 선택할지 잘 모르겠다면 우선 유명한 작가들 위주로 그림책을 선정할 수 있어요. 앤서니 브라운, 윌리엄 스타이그, 모리스 샌닥, 레오 리오니, 매리 홀 엣츠, 데이비드 위즈너, 백희나, 안녕달 등 유명작가의 그림책들을 추천합니다.
- 수상 그림책을 활용하세요. '칼데콧상'을 받은 그림책을 찾아보세요. '칼데콧상'은 미국에서 매년 아름다운 그림책을 선정해서 주는 상으로 '뉴베리상'과 함께 그림책의 노벨상이라고 불립니다.
- 몇 권씩의 시리즈로 되어 있는 책들 중에서 〈마들린느 시리즈〉, 〈내 토끼가 사라졌어 시리즈〉, 〈비둘기 버스 운전을 시키지 마세요 시리즈〉, 〈찰리와 로라 시리즈〉 등의 유명 시리즈도 추천합니다.
- 좋은 그림책을 많이 읽다 보면 그림책을 보는 눈도 키워져요. 아

이와 함께 서점에 가서 좋은 그림책을 직접 찾아보는 것도 좋습니다.

## 좋은 그림책 읽어주는 방법

- 전집 위주의 책들도 좋지만 한 권, 한 권씩 구매해서 읽는 재미를 느끼게 해주세요.
- 우리 아이의 눈길이 머무는 속도를 확인하며 엄마의 목소리로 들려주세요.
- 그림만 보며 함께 이야기를 나누는 것도 좋아요
- 반복해서 읽어달라고 한다면 반복해서 읽어주세요.
- 잠자기 전 우리 아이에게 매일 책을 읽어주세요.
- 도서관 나들이도 추천합니다. 도서관에는 집보다 훨씬 많은 종류의 책이 있기 때문에 다양한 책을 접할 좋은 기회이자 이벤트가 될 수 있어요.

아이들은 신기하게도 좋은 그림책을 바로 알아차려요. 좋은 그림책을 볼 때 아이들의 몰입감은 깊어지고, 그림책 속에 푹 빠져들어요. 반복해서 읽어달라고 하고요. 오늘 우리 아이랑 함께 서점에 가서 좋은 그림책 한 권을 골라 즐겁게 읽으시는 것을 추천합니다.

# 유치원에서의
# 영어 교육

요즘은 유치원을 선택할 때 '유치원에서 영어 교육을 어느 정도 시켜주느냐'가 중요한 기준으로 자리 잡고 있습니다. '유아기에는 영어보다는 한글이 중요합니다'라는 당연하지만 막연한 대답보다는 조금은 현실적인 이야기를 하려고 합니다. 영어교육이 이루어지는 비중에 따른 유치원 종류를 먼저 알아보고 우리 아이 영어교육에 대한 장기적인 계획을 생각해 보면 좋겠습니다.

## ◉ 영어 수업이 없는 유치원

영어 수업을 전혀 하지 않는 유치원들이 있습니다. 사립 유치원의 경우 방과후과정 특성화 수업에 영어 수업이 없는 유치원이 여기에 해당합니다. 유아들의 전인적 성장과 놀이에 중점을 두어 운영하는 유치원일 경우가 많습니다. 공립 유치원의 경우 방과후과정에는 영어 수업이 있지만 방과후과정을 하지 않는 기본 교육 과정 유아들은 영어 수업을 하지 않습니다.

## ◉ 특성화 수업으로 영어 수업이 있는 유치원

유치원에서 주 1회 혹은 주 2~3회 영어 수업을 진행합니다. 주로 영어 선생님이 유치원에 와서 놀이 식으로 교재 수업을 합니다. 영어로 노래도 부르고, 간단한 대화도 하면서 유아들이 영어에 자연스럽게 노출될 수 있도록 도와줍니다. 대부분의 사립 유치원과 공립 유치원이 여기에 해당합니다.

## ◉ 영어 특화 프로그램이 있는 유치원

주로 사립 유치원 중에서 영어 프로그램을 진행하며 5~7세 연속하여 영어에 중점을 두고 교육하는 유치원들이 있습니다. 파닉스 수업이 기본으로 진행되기 때문에 유아들이 간단한 단어의 영어를 읽을 수 있게 됩니다. 7세 정도 되면 영어 수업이 매일 진행되고 원어민 선생님이 상주하여 유아들의 영어 교육을 담당하는 경우도 있습니다.

### ● 영어유치원

영어유치원으로 불리는 유치원들의 정식 명칭은 유아 대상 영어 학원입니다. 유치원 교육과정, 국가 지원금, 교사 자격 기준 등이 유치원과는 별개인 사설 학원입니다. 원어민 선생님이 담임 선생님으로 계십니다. 한국말 사용이 금지되고 영어 환경에 적극적으로 노출 됩니다. 파닉스를 기본으로 다양한 교재를 이용하여 리딩, 라이팅 수업이 진행됩니다. 학습을 중점적으로 시키는 곳과 놀이를 중심으로 운영하는 곳으로 구분할 수 있습니다.

## 우리 아이 영어 교육에 대한
## 상식적인 계획

유치원에서 진행되는 방과후과정 영어 수업은 길어도 회당 40분을 넘지 못합니다. 유아들의 집중 시간이 한계가 있기 때문이죠. 그 시간 동안 책에 나오는 대화를 해보기도 하고, 노래도 부르고, 게임도 하면서 수업이 진행됩니다. 우리 아이가 영어 노래를 흥얼거리고, 간단한 문장을 외워 말하는 경우도 생기죠. 유아들은 '이런 것이 영어구나', '영어는 재미있구나' 등을 알게 됩니다.

하지만 일주일에 40분(주 1회) 혹은 80분(주 2회)의 수업만으로는 영어에 흥미는 가질 수 있으나 드라마틱한 실력의 향상이 있을 수는 없습니다. 영어 수업이 없는 유치원에 다니든 주 1~2회 수업을 하는 유치원에 다니든, 영어가 특색 프로그램인 유치원에 다니든 초등 고학년 정도가 되면 유치원에서 배웠던 영어가 주는 영향력은 거의 없다고 보는 것이 맞습니다. 영향력이 있으려면 가정에서 꾸준히 영어를 노출해서 영어를 학습이 아닌 언어로서 자연스럽게 습득할 수 있는 환경을 꾸준히 제공해 주었을 때입니다. 이런 이유로 유치원에서는 영어 교육보다 모국어 교육의 중요성을 강조하고 있습니다.

유아 시기에 우리나라 말을 잘 듣고, 이해하고, 점차 읽게 되는 과정은 추후 계속해서 학습에 영향을 줄 수 있습니다. 능숙한 모국어 실력은 학습 능력과도 직결된다는 것은 모두가 알고 있는 사실이지요. 그럼에도 불구하고 많은 부모님이 유아기 때부터 영어를 가르치기를 원하고, 잘하기를 바랍니다. 그렇다면 영어 교육을 시키기 전에 우리 아이에게 왜 영어를 지금 이 시기에 시작하려고 하는지에 대해 생각해 볼 필요가 있습니다. 영어에 거부감을 주지 않기 위해서, 중고등학교 내신 성적을 위해서, 해외로 나갈 계획이 있어서 등 우리 아이 영어 교육의 목적을 생각해 보세요. 유아 영어 교육의 목적에 따라 영어교육 시작 시기, 방법이 달라집니다. '유치원에서 영어 수업하니까'하고 안도하기보다는 내 아이에게 적합하고 효율적인 방법을 찾는 것이 가장 좋습니다.

TIP

# 1학기 상담, 2학기 상담
# 똑똑하게 활용하기

|  | 1학기 상담 | 2학기 상담 |
|---|---|---|
| 시기 | 3월 말 ~ 4월 초 | 10월 전후 |
| 방법 | 전화 상담, 방문 상담 | |
| 목적 | 유아들의 개별적인 특성, 가정에서의 모습을 파악하며 아이의 지도 방향, 방법 등을 부모님과 함께 이야기 나누는 시간 | 유아들의 놀이 특성, 친구와의 관계 등 단체 생활에서 보이는 유아의 특성과 성향을 부모님과 함께 공유하는 시간 |

## 1학기 상담

: 1학기 상담은 선생님이 우리 아이를 잘 파악할 수 있도록 내 아이에 대한 정보를 선생님께 전해주세요.

선생님이 내 아이를 만난 지 1달 남짓의 시간이 지났습니다. 한 달이라는 시간 동안 유치원에 적응하고 놀이하며 지내는 모습 정도는 파악할 수 있습니다. 하지만 아이를 다각적으로 이해하기 위해서는 가정에서의 모습, 선생님이 보지 못한 모습 등을 부모님들이 말해주는 것이 도움이 된답니다. 유치원 교실에서만 바라보던 아이의 모습이 아닌 입체적인 아이에 대한 이해가 더해지면 유치원에서 아이의 행동에 대한 이해가 깊어지고, 앞으로 이 아이에 대한 지도 방법이나 방향이 뚜렷해집니다.

부모님들은 우리 아이에 대해서 다음과 같은 정보를 말해주면 좋아요.

- 우리 아이의 성향
- 요즘 관심 있어 하는 것 또는 좋아하는 것
- 가정에서 형제, 자매와의 관계
- 가정에서의 기본 생활습관(식습관 포함)
- 가정에서 교육과 관련하여 걱정되는 부분
- 부모님이 생각하는 유치원 교육에서 가장 중점을 두는 부분
  (예 : 인성, 사회성, 창의성, 한글, 수, 영어, 기본 생활습관 등)
- 유치원 다니면서 변화되었으면 하고 바라는 것

예를 들어 우리 아이의 소심함에 대한 걱정을 함께 나눈다면 선생님은 자신감 있게 행동할 수 있도록 도와주거나, 당당하게 행동했을 때 격려와 지지를 해주어 소심함을 벗어날 수 있는 행동을 강화할 수 있어요.

이렇게 1학기 상담을 통해서는 선생님이 부모님과의 상담을 통해 유아별로 어떤 부분을 강화할 것인지, 어떤 태도를 완화할 것인지 등을 파악할 수 있습니다. 유치원에서 중점을 두고 지도할 개별 유아들의 교육적 방향을 부모님과 함께 정하게 되는 것이지요.

**Q : 저희집 아이는 집에서 너무 말을 안 듣고 장난이 많습니다. 아이의 모습을 솔직하게 다 이야기 해도 되나요? 선생님이 아이에 대한 선입견이 생기지는 않을까요?**

A : 솔직하게 말해도 괜찮습니다. 선생님은 '가정에서는 그런 모습이구나' 정도로 참고할 뿐 아이를 단정 지어 판단하지 않아요. 오히려 솔직한 의견이 아이를 다각적으로 판단하는 데 도움이 됩니다.


## 2학기 상담

: 2학기 상담은 유치원에서의 내 아이에 관한 정보를 들으며 앞으로의 우리 아이의 교육에 대해 선생님과 함께 이야기 나눕니다.

여름 방학이 지나고 2학기가 어느 정도 진행되면 선생님은 아이에 대한 이해가 깊어져 있습니다. 1학기 상담이 부모님이 선생님에게 아이에 대한 정보를 많이 주는 상담이었다면 2학기 상담은 우리 아이가 유치원이라는 단체 생활에서 어떻게 지내고 있는지, 가정에서의 모습과 어떻게 다른지 다양한 정보를 들을 수 있는 시간입니다. 상담을 시작하기 전에 궁금한 점에 대해 설문을 하는 유치원도 있습니다. 그럴 땐 부모님이 알고 싶은 우리 아이의 모습, 걱정되는 모습 등을 자세히 적어주는 것도 도움이 됩니다. 그러면 그 부분을 중심으로 선생님이 보다 더 관찰하고 도움을 주기 위해 노력합니다.

선생님께 다음과 같은 것을 물어볼 수 있습니다.

유치원 수업 시간에 다른 사람의 말을 집중하여 잘 듣나요?

선생님이 말한 내용은 잘 이해하나요?

친구들과 놀이할 때에 자기주장을 강하게 하는 편인가요?

다른 친구의 의견도 존중해 주나요?

유치원에서 관심 있어 하는 놀이는 어떤 놀이인가요?

자기 일을 스스로 하는 편인가요?

선생님이나 친구의 도움을 받는 편인가요?

상담하다 보면 가정에서와는 다른 내 아이의 모습을 알게 되는 경우가 있습니다. 선생님의 이야기를 통해 내 아이를 보다 더 깊게 이해할 수 있게 되지요. 그리고 그것이 가정에서 앞으로 어떻게 교육을 할지 방향을 정하는 데 조금이라도 도움을 줄 수 있다면 유익한 상담이었다고 생각합니다.

# 궁금한 것이 있어요 - Q&A

**Q : 유치원에 모두가 함께 나눠 먹을 간식을 보내도 되나요?**

A : 안되는 경우가 많습니다. 유치원마다 방침이 달라 설명회 때 혹은 안내문으로 공지됩니다. 여행지에서 사 온 초콜릿을 친구들에게 하나씩 나누어주며 내 아이가 즐거워할 생각에 간식을 보내는 부모님들의 마음은 충분히 이해합니다. 하지만 유치원에서 공지되지 않은 간식을 제공하는 것이 몇 가지 문제를 발생시키기도 합니다.

사탕이나 초콜릿 같은 간식은 유아들의 치아 건강에 좋지 않아서 가정마다 먹이는 정도가 달라 유치원에서 임의로 먹이는 것은 곤란합니다.

요즈음은 알레르기가 있는 유아들이 한 반에 한두 명씩 있습니다. 간식이 빵이나 과일류라고 해도 친구들 모두 간식을 나누어 먹는데 한 명만 못 먹는 일이 생기게 할 수는 없어요.

또한 친구들에게 나눠주는 것이 재미있다고 너도나도 간식을 가져오는 과열 상황이 생기기도 합니다.

이러한 이유로 유치원에는 먹을 음식을 가지고 오지 않는 것이 좋습니다. (유치원마다 방침이 조금씩 다르기 때문에 미리 선생님께 여쭤보는 것이 좋아요.)

**Q : 유치원에서 단짝 친구를 만들어줘야 할까요?**
A : 상황에 따라, 아이에 따라서 다르지만 일부러 꼭 만들어줄 필요는 없습니다.

이웃에 살아서, 같은 어린이집을 졸업하고 같은 유치원 같은 반이 되면서 저절로 단짝이 형성된 경우가 있습니다. 아이들이 유치원에서 다른 친구를 배척하지 않고 다양한 친구와도 각자 어울리며 놀이한다면 단짝 친구가 있는 것도 괜찮습니다. 유치원에서 하원하고도 친하게 놀 친구가 있고 아이도 엄마도 성향이 잘 맞는다면 아주 좋지요.

- 유치원 내에서도 오로지 단짝 친구하고만 놀이하려고 하거나 친구를 독점하고 싶은 마음이 생기면 친구 관계에 문제가 될 수도 있습니다. 내 단짝 친구가 나하고만 놀면 좋겠는데 다른 친구들에게 관심을 가지게 되면 서운한 감정이 들고, 다툼이 생길 수 있어요.
- 학기 초에는 단짝 친구와 함께 등원할 경우 유치원 적응에 도움

이 되는 것은 사실입니다. 낯선 환경에서도 단짝 친구만 있으면 두렵지 않거든요. 하지만 이것은 진정한 적응이라고 볼 수는 없습니다. 다른 대부분의 유아들은 낯선 환경에서 새로운 선생님, 새로운 친구를 만나 수줍게 인사도 해보고, 먼저 말 걸어보기도 하며 하나씩 적응해 갑니다. 이 시기에 단짝 친구하고만 소통하면 새로운 기관에 적응해 보는 소중한 경험이 없어지는 것이지요.

- 단짝 친구와 계속 놀이하기를 원한다는 것은 나에게 잘 맞는 친구랑만 놀이를 하고 싶어 하는 거예요. 나와 생각이 다른 친구, 소심한 친구, 대범한 친구, 장난이 많은 친구 등과 지내면 갈등도 생기고 불편하지요. 그래서 편한 내 단짝 친구랑만 놀고 싶습니다. 다양한 친구를 만나고 상호작용해 보는 경험을 해보는 소중한 기회가 사라집니다. 그리고 단짝 친구가 영원할 수는 없어요. 이사를 가거나 유치원을 옮기거나 다른 친구가 생기거나 혹은 서로 다투어서 친구 관계가 유지되지 않는 경우도 있어요.

그런데 성격이 다소 소심하거나 불안한 감정이 많아서 유치원 적응이 힘든 경우는 친한 친구를 만들어주는 것이 좋을 수 있습니다. 친한 친구가 생기는 것을 시작으로 친구의 반경을 넓히고 낯선 환경에 대한 불안함을 낮추어 줄 수 있지요.

이처럼 단짝 친구는 잘 지내면 좋은 점이 있지만 자칫 문제가 생기거나 친구 관계가 협소해질 수 있다는 점을 알아두셔야 합니다. 내 아이만 친구가 없는 것 같이 보여서 불안한 마음이 들 때도 있어요. 하지만 사람의 관계가 늘 그렇듯 아이들의 관계도 수시로 변한답니다.

### Q : 우리 아이는 흰 우유를 싫어하는데 다른 아이들이 흰 우유 먹는 시간에 딸기 우유나 초코 우유를 보내도 될까요?

A : 다수의 유아가 흰 우유를 먹는데 한 아이에게만 딸기(초코) 우유를 허용하는 유치원은 아마 없을 거예요. 만약 우유 알레르기가 있는 경우는 우유를 대체해서 두유를 가지고 와서 마시는 것은 가능합니다. 딸기 우유나 초코우유는 대부분의 유아가 좋아해요. 반면 흰 우유를 너무 좋아하는 경우는 거의 없습니다. 친구들이 먹는 분위기니까 따라서 먹는 경우가 대부분이지요. 이런 상황에서 누군가 딸기 우유를 맛있게 마신다면 노력하면서 흰 우유를 마시던 분위기가 깨지고 딸기 우유에 시선이 집중됩니다. 누구는 딸기 우유를 마시는데 나는 왜 흰 우유를 마셔야 하냐며 많은 유아들이 자신도 딸기 우유를 먹고 싶다고 이야기합니다. 같은 행동이라도 가정에서는 아무 문제가 없던 것이 단체 생활에서는 주변의 친구에게 영향을 줄 수도 있답니다.

**Q : 집에서 수학적 능력을 길러주고 싶어요.**

A : 우리 아이가 몇까지 셀 수 있느냐가 유아의 수학적 능력을 알 수 있는 척도인 것처럼 여겨지는 경우가 많습니다. 나이에 비해 수 세기를 잘하면 수학을 잘하는 것처럼 느껴지지요. 그런데 막상 수 세기는 잘하는데 정확한 개념은 모르는 경우가 있습니다. 예를 들어 수는 100까지 세지만, 사탕 6개가 있었는데 친구에게 사탕 3개를 더 받았을 때 사탕이 총 몇 개가 되는지 모르기도 합니다. 그리고 유아 수학은 수 세기뿐 아니라 수량, 공간, 패턴, 분류, 측정 등 다양한 파트로 나누어져 있습니다.


유아의 수학적 능력을 길러주기 위해서 다양한 방법을 시도해 볼 수 있습니다. 먼저, 유아 수학을 위한 다양한 교구를 활용할 수 있습니다. 교구를 이용하여 다양한 수학 놀이를 하며 수학적 개념을 익힐 수 있습니다.

교구를 활용하지 않더라도 일상생활 속에서 놀이를 통해 유아들의 수학적 능력을 높여줄 수도 있습니다. 수학 교구 놀이를 일회성으로만 진행한다면 저는 교구 놀이보다 일상생활 속에서 꾸준한 수학 놀이를 추천합니다. 그리고 수학 놀이를 하며 일상 대화 속에서 다양한 수학적 표현을 사용해 주세요. 수학적 개념별로 간단한 놀이 한 가지씩을 소개하겠습니다. 응용해서 다양한 놀이로 확장할 수 있습니다.

# 생활 속에서 즐기는 수학 놀이

| 영역 | 수학 놀이 | 수학적 용어 사용하기 |
|---|---|---|
| 수 세기 | 홈런볼 개수 세며 먹기 | 두 개 먹었니?<br>엄마에게 세 개 더 줄 수 있니? |
| 수량 | 바둑알 흰색, 검은색 섞어서 5개(10개) 만들기 | 흰 돌 한 개, 검은 돌 네 개로 총 다섯 개를 만들었구나. 엄마는 흰 돌 두 개, 검은 돌 세 개로 만들었어. |
| 분류 | 모양 찾아 가져오기 | 우리 집에서 네모난 모양을 찾아볼까? 동그랗고 하얀색은 어디에 있을까? |
| 공간 | 인형 숨바꼭질 | 책상 밑에 있어.<br>연필꽂이 왼쪽 옆에 있어.<br>노란 가방 뒤에 있어. |
| 부분과 전체 | 사진 잘라 퍼즐 만들기 | 마지막 조각이 어디에 들어갈까?<br>와~ 조각들이 모여서 전체 퍼즐이 완성되었구나. |
| 패턴 | 과일 패턴 수수께끼 | 〈사과 - 복숭아 - 사과 - 복숭아 - 사과〉 그다음에 올 것은 무엇일까? |
| 측정 | 블록 높이 쌓기 | 누구 탑이 더 높니?<br>탑을 눕혀볼까?<br>어떤 것이 더 길어?<br>이 탑은 몇 개의 블록을 쌓은 거야? |

### 4장

유치원에서 생긴 일,
이럴 땐 이렇게

# 유치원에 가기 싫어요

아이를 유치원에 보내는 부모들의 가장 큰 바람은 우리 아이가 즐겁게 유치원에 다니는 것입니다. 아이가 유치원을 즐거워하고, 선생님을 좋아하고 친구들과 잘 지낸다면 더 바랄 것이 없을 정도지요. 내 아이가 '엄마, 유치원에 가기 싫어요'라고 말하면 가슴이 철렁 내려앉는 것도 그 때문입니다. 우리 아이가 유치원에 가기 싫어한다면 먼저 그 양상을 잘 살펴보세요.

- 학기 초 혹은 개학 직후의 낯섦 때문인 건지,
- 일시적인 감정인지,
- 유치원 앞에서만 잠시 주춤하다가 들어가서는 잘 노는 경우인지,
- 전반적으로 유치원에 흥미를 두지 못하는 경우 등인지 말이에요.

보통 입학식 후 첫 등교 날에는 유치원 현관 앞에서 눈물을 보이는 유아들이 꼭 있답니다. 아이마다 기질도 다르고 성향도 다르다 보니 학기초 낯선 유치원을 대하는 태도도 모두 다릅니다. 어떤 아이들은 새로운 곳에 대한 흥미와 호기심이 더해져 뒤도 돌아보지 않고 교실로 들어가는 경우도 있고요, 어떤 아이들은 신중하고 조심스럽게 새로운 환경을 탐색하며 교실로 향하는 아이도 있습니다. 어떤 아이들은 낯선 것보다는 익숙한 것을 더 선호하며 낯선 환경 앞에서 엄마와 헤어지는 것을 몹시 불안해하는 아이도 있습니다. 마지막 유형 유아의 경우, 유아의 마음이 불안한 상태에서 엄마가 '여기가 네가 앞으로 다닐 유치원이야.'라고 말하며 아이를 떼어 놓으려고 하는 순간 아이는 눈물을 터뜨립니다. 엄마는 '다른 아이들은 다들 잘 들어가는데 왜 우냐.'고 다그쳐보기도 하고, '유치원 끝나고 마트에 가서 맛있는 것을 사줄 테니 얼른 들어가.'라고 달콤한 제안도 합니다. 아이는 엄마의 옷자락을 꽉 잡고 서럽게 눈물을 흘립니다. 어떻게 해야 할까요?

이런 경우 보통 엄마가 우는 아이와 실랑이를 벌이다가 선생님께 바통 터치를 하고 마음 무겁게 집으로 가는 경우가 많습니다. 가장 이상적인 방법은 아이가 적응할 때까지 엄마가 유치원 교실에 들어와서 충분히 적응시키는 것입니다. 가장 이상적인 방법입니다만, 현실적으로 그것이 허용되는 유치원이 많지는 않습니다. 왜냐하면 누구는 엄마가 들어

오고 누구는 엄마가 가버린 상황에서 낯설고 어린 유아들은 혼란스러울 수가 있거든요. 꾹 참고 교실로 들어온 유아들까지 울음바다가 될 수도 있고요. 그래서 추천하는 방법은 엄마가 아이와의 대화를 통해서 아이의 불안함을 낮추고 설득하는 방법입니다.

이때의 대화는 아이를 다그치거나 다른 보상으로 얼렁뚱땅 이 상황을 벗어나려고 하면 안 됩니다. 오롯이 아이의 불안함을 인정해 주세요. 이 작은 아이가 유치원이라는 큰 공간에 새로운 선생님들, 새로운 친구들로 가득한 이곳에 들어가기가 얼마나 무서울지 엄마가 아이의 마음을 알아주고 보듬어 주는 것, 그것이 첫 번째 단추입니다.

**아이의 감정을 인정해 주는 대화**는 긍정적인 효과를 가져올 수 있어요.

"네가 얼마나 불안하고 낯선지 안단다. 처음이라 많이 불안하고 떨리겠지만 한 번 용기 내어보자. 생각보다 괜찮을지도 몰라."

"우리 ○○이가 유치원에 있을 때도 엄마의 마음은 늘 ○○이와 함께 있을게. "

"마치는 시간에 엄마가 늦지 않게 와서 ○○이를 기다리고 있을게. 씩씩하게 유치원 다녀오고 있다가 만나."

이런 말은 **아이의 마음을 더 불편하게 해요**.

"다른 애들 다 잘 들어가는데 너만 왜 그러니?"

"어머, 친구들 다 보는데 창피하네, 그만 울자."

"언제까지 울 거야, 엄마 이제 집에 가야 해."

혹시 선생님께 우는 아이를 건네고 떠날지라도 먼저 아이의 마음을 달래주는 첫 번째 단계는 꼭 거쳐야 합니다. 엄마가 부드럽게 달래고 이야기해 준다고 마법처럼 아이가 울음을 그치고 유치원에 씩씩하게 들어가는 것은 물론 아닙니다. 하지만 계속 울고 있더라도 아이의 마음은 처음보다는 가벼워졌을 거예요. 이런 상태에서 이제 아이를 선생님께 맡기고 지나친 걱정은 내려놓고 집으로 향하셔도 됩니다. 내 아이를 믿으면서요.

선생님이 아이를 달래주고 함께 대화하다 보면 아이는 선생님이 좋은 사람, 믿어도 되는 사람이라고 인식하고 선생님을 의지하고 따르게 됩니다. 아이마다 걸리는 시간은 조금씩 다를 수 있습니다. 어떤 아이는 하루, 어떤 아이는 며칠이 걸릴 수도 있어요. 하지만 이렇게 엄마와 선생님이 아이의 마음을 존중하고 인정해 주며 따뜻하게 다가갔을 때 새로움에 대한 낯섦과 불안함은 점점 사라질 것입니다.

유치원에 가기 싫다고 하는 아이는 대부분 다음의 세 가지 유형 중 하나에 속합니다. 유형별 특징과 해결 방법을 알려드리겠습니다.

[유형 1]
## 오늘 하루만 쉬고 싶다고 졸라요

아이가 유치원에 어느 정도 적응도 되었고, 일과가 어떻게 돌아가는지도 파악되었고, 교실 내 약속들을 지키는 것도 조금은 힘겹게 느껴지기 시작할 때 즈음 살짝 엄마에게 투정을 부려봅니다. '오늘 유치원에 안 가면 안 돼요?'

방법은 두 가지입니다. 하루 쉬거나 유치원에 보내는 것입니다. 5~6세의 유아들의 경우는 유치원이라는 새로운 사회생활을 하게 되면 몹시 피로하고 지쳐하기도 합니다. 그럴 때 무리하게 유치원에 보냈다가 오히려 반감이 더 생길 것 같다면 하루 쉬어도 괜찮습니다. 다만 자칫 그날 가정에서 너무 특별한 하루를 보낸다면 다음 날에도 유치원에 가기 싫은 마음이 생길 수 있으니 유의하시는 것이 좋습니다. 7세 정도의 유아들은 규칙적인 습관을 길러주는 것이 좋기 때문에 일시적 감정이라면 잘 달래서 유치원에 보내는 것이 좋습니다. 유아들의 감정은 수시로 변하기 때문에 유치원에 오면 금세 즐겁게 생활할 수 있어요.

# 엄마와 헤어질 때만 울고,
# 유치원에 들어가면 잘 놀아요

집에서 출발하여 유치원까지 즐겁게 오다가 유치원 현관만 보면 눈물이 나는 유아들이 있습니다. 엄마랑 헤어지기가 싫은 거예요. **엄마가 너무 좋고 헤어지는 그 순간이 슬픈 어린이들**입니다. 유치원에 들어오면 눈물을 닦고 아무 일 없었다는 듯 유치원 생활을 하는 유형입니다. 이럴 때 부모님께서는 아이에게 네가 유치원에 간다고 엄마랑 헤어지는 것이 아니라고 다독여주세요. 엄마 사진이나 가족 사진을 가방에 달아주며 엄마가 보고 싶을 때에는 가방에 달린 사진을 살짝 보고 가는 것도 제안해 볼 수 있어요. 유치원에 있든 집에 있든 엄마가 너를 사랑하는 마음은 똑같다고 꼭 말해주세요. 아이의 불안함이 훨씬 줄어들 수 있어요.

● 이렇게 말해주세요.

"엄마는 ○○이가 유치원에 있을 때나 집에 있을 때나 똑같이 ○○이를 사랑해."

"엄마가 집에 돌아가도 엄마의 마음은 늘 ○○이 곁에 있단다."

# 유치원을 좋아하지 않아요.

유치원에 다니는 것이 시큰둥한 유아들이 있어요. **유치원에 가기는 싫은데 엄마가 가라고 하면 그냥 마지못해 가는 경우**입니다. 이런 유아는 울지 않을 수도 있어요. 유치원에 오면 모범생인데 엄마에게만 떼를 쓸 수 있어요. 엄마가 달래고 달래어 유치원에 보냅니다. 유치원에 오면 교실에서 크게 문제 행동을 하거나 드러나는 일을 하지 않기 때문에 선생님이 눈치를 못 챌 경우가 많아요. 또 이런 유형은 잦은 결석을 하기도 합니다. 엄마와 실랑이를 하다가 엄마가 지는 날은 유치원에 등원하지 않는 것이지요.

이럴 때 선생님께 상담을 요청해 보는 것도 좋아요. 선생님도 이 아이를 관찰하면서 누구랑 친한지, 밥은 잘 먹는지, 유치원에서 한 약속을 지나치게 잘 지키고 싶은 모범생이라 유치원이 힘든 건 아닌지, 놀이할 때엔 즐겁게 놀이하는지, 어떤 놀이를 즐겨 하는지 등을 관찰하며 유아의 흥미를 끌 수 있는 방향으로 함께 노력합니다. 다만 이 경우는 부모님이 유아를 유치원에 결석시키지 않는 것이 좋아요. 우선 유치원에 등교해야 선생님이 유아를 살펴보고 도움을 줄 수 있으니까요. **등교하지 않는 유아를 유치원에 적응시킬 방법은 없습니다.**

유치원 생활을 처음 시작할 때, 유치원을 옮길 때 유치원 적응을 걱정하지 않는 부모는 없습니다. 즐겁게 잘 적응하면 좋겠지만 아이가 유치원에 가기 싫어할 경우, 가장 중요한 것은 내 아이를 유심히 관찰하고 아이의 마음을 읽어내어 원인을 찾는 게 먼저입니다. 내 아이의 마음과 눈높이에 맞추어 감정을 달래주어야 할 때는 달래주고, 규칙적인 기본 생활 습관을 길러줘야 할 땐 단호하게 원칙을 지키는 모습이 필요합니다. 그리고 내 아이에 대한 믿음과 사랑을 꼭 말로 표현해 주고, 많이 안아 주세요. 선생님의 도움도 받으시고요. 16년 이상 유치원 현장에 있으면서 엄마와 선생님이 함께 노력할 때 유치원에 적응하지 못하는 유아는 없었답니다. 우리 아이도 즐겁게 유치원에 다닐 수 있습니다.

# 유치원에서
# 나만 ~~했어요.

유치원에 다녀온 내 아이가 '엄마, 나도 손을 들었는데 나만 발표를 못했어요.'라는 이야기를 하면 참 속이 상합니다. '나만 ~~했다.'는 말은 엄마의 마음을 철렁하게 하지요. '왜? 왜 우리 아이만?'이라는 생각이 들거든요. 하지만 유아들이 말하는 '나만'이 정말 나 혼자를 말하는 것인지 아니면 어떠한 불만을 엄마에게 강조하기 위해 붙인 수식어인지 잘 구분할 필요가 있습니다.

# 선생님이 '나만' 혼내요.

우리 아이가 집에 와서 선생님이 '나만 혼낸다.'고 이야기할 때가 있을 수 있어요. 먼저 '혼낸다'라는 표현부터 정확하게 살펴볼 필요가 있습니다. 어떤 아이들은 선생님이 '○○아, 줄 서서 가자', '교실에서 뛰면 위험하니까 걸어 다니자' 등 지켜야 할 약속을 다시 한번 상기 시켜 주는 상황도 선생님께 혼났다고 생각할 수 있어요. 혹은 친구와 놀다가 다툼이 생겨서 선생님과 함께 이야기를 나누며 화해, 사과한 경우도 혼났다고 생각할 수 있지요. 아이가 혼났다는 느낌이 들었다면 그 이유가 있을 거예요. 그리고 아이가 억울하게 느끼는 감정도 함께 있을 수 있으니 아이와 편안하게 대화를 하면서 불편한 마음을 풀어 볼 수 있습니다. 아이의 말을 말 그대로 받아들이다 보면 부모님이 속상한 감정을 느낄 수도 있어요. 하지만 먼저 실제 상황이 어땠는지를 파악하는 게 중요합니다.

- 아이의 잘못을 찾아내기 위해 추궁하는 말투는 아이의 말문을 닫습니다. 아이가 무슨 이야기를 해도 수용해 줄 수 있는 분위기와 표정으로 물어봐 주세요. 그래야 어떤 일이 있었는지 알 수 있으니까요.

  > "무슨 일이 있었어? 엄마한테 말해봐. 다 들어줄게."

● 그리고 유아의 마음을 먼저 다독여 주세요.

> "그랬었구나. 우리 ○○이가 속상했겠네. 엄마가 안아줄게."

● 그런 상황에서의 적절한 대처 방법을 알려주세요.

> "선생님이 ○○이 다치지 말라고 말씀하신 거란다. 선생님은 ○○이 아닌 다른 친구가 같은 행동을 해도 똑같이 말씀하실 거야. 앞으로는 안전하게 놀이하자."
>
> "앞으로는 그럴 땐 ~라고 네 생각을 말해봐."

아이와 대화를 나누고도 풀리지 않는 의문점이 있다면 선생님께 여쭤보는 것도 좋습니다. 그리고 아이가 유치원에서 혼이 났다는 말을 자주 한다면 우리 아이가 단체 생활에서 지켜야 할 약속을 잘 지키고 있는지 알아볼 필요가 있어요. 질서와 약속을 잘 지키지 않는 유아는 아무래도 선생님이 한 번이라도 더 알려주게 되는데, 아이는 혼났다고 생각할 수 있어요. 선생님께 유치원 생활에 대해 상담을 요청하여 어떤 부분의 약속이 잘 지켜지지 않은 지 알아보고 선생님과 부모가 함께 지속적인 교육적 노력을 할 필요가 있겠습니다.

## 발표할 때 나만 안 시켜줘요.

어린 유아들이 가장 많이 하는 이야기 중 하나입니다. 아직 자기중심적인 사고를 하는 유아들은 손을 들었는데 발표를 못 하면 '나만 못했다'고 생각을 하지요. 사실 20명이 손을 들었다면 발표는 1명이 하고, 나머지 19명은 다 같이 못 한 거예요. 학급에서 수업을 진행하다 보면 최대한 많은 유아들에게 말을 할 기회를 주려고 합니다. 하지만 손을 들 때마다 늘 발표를 하는 것은 아니지요. 이러한 상황들을 유아들이 이해하기는 어렵습니다. 또 누구는 3번 발표했는데 나는 2번 발표를 했다면 그럴 때도 유아들은 나만 못했다는 생각을 할 수 있어요.

● 우리 아이가 '나만 발표를 못 했다'라고 이야기할 때 이렇게 다독여 주세요.

> "내가 손을 들었어도 발표를 하지 않을 때도 있단다. 그럴 땐 친구가 발표하는 것을 잘 들어줘."
>
> "우리 ○○이 무슨 말을 하고 싶었던 걸까? 엄마한테 이야기해 줄래? 엄마가 다 들어줄게."

5~6살 정도 되면 이제 유치원에서 손을 들고 발표를 하는 방법을 배우게 됩니다. 많은 친구들이 동시에 이야기하면 다 함께 이야기를 나눌

수가 없거든요. 손을 들고 이야기하기, 선생님이 말씀하실 땐 잘 듣기, 친구가 이야기하는 시간에는 들어주기 등은 수업을 할 때 기본적인 사항이지만 아직 어린 유아들에게 쉬운 일은 아닙니다. 내 이야기를 먼저 하고 싶고, 내 이야기만 하고 싶은 게 유아들의 마음이거든요. 그 마음을 참고 다른 사람의 이야기를 들어주는 것, 그렇게 유아들은 우리 모두 함께 이야기하는 법을 배워 갑니다. '나만 발표를 못 했다'는 생각에 실망하는 것도 배움의 과정입니다. 아이의 실망한 마음을 알아주고 다독여주면 다시 손을 번쩍 드는 활기찬 유아로 재충전된답니다.

## 더 먹고 싶었는데 나만 못 먹었어요.

급식 시간에 음식을 더 먹고 싶은 유아는 더 받아서 먹을 수 있어요. 그런데 개수가 정해져 나오는 음식들이 가끔 있습니다. 후식으로 나오는 딸기라든지 혹은 반찬으로 나온 미니 부침개 등은 급식실에서 전체 유아의 숫자에 맞게 준비하시는 음식들이에요. 이런 음식은 다 먹고 더 달라고 해도 줄 수 없는 경우가 있어요. 누군가가 더 먹으면 누군가는 못 먹게 되니까요. 그럴 경우 아이는 자세한 상황을 모르기 때문에 속상할 수 있지요. 속상한 마음으로 엄마에게 먹고 싶었던 음식을 나만 못 먹었다고 말할 수 있어요. 그럴 때 "왜 못 먹었니? 선생님께 더 먹고 싶다고 이야기를 했는데도 못 먹은 거니?"와 같이 반응하면 아이의 아쉬운 마음만 더 커지게 됩니다.

- 더 먹고 싶은 것을 못 먹은 우리 아이 마음을 달래주세요. 그리고 단체로 함께 먹는 급식에서는 정해진 양이 있다는 것을 설명해 주세요.

> "우리 ○○이가 ☆을 많이 먹고 싶었었구나. 잘 참았네, 잘했어."
>
> "유치원에서는 개수가 정해져 있어서 어쩔 수 없었을 거야. 엄마가 집에서 해줄게."

## 줄을 설 때 나만 매번 꼴찌에요.

유치원에서 바깥 놀이할 때, 집에 갈 때 '나만 마지막에 줄을 선다'고 이야기하는 경우가 있어요. 이럴 때 혹시 우리 아이가 능숙하게 옷을 입고 신발을 신을 수 있는지 살펴봐 주세요. 예를 들어 이름이 먼저 불렸어도 옷걸이에 걸린 옷을 잘 빼지 못해서 선생님께 도움을 청한다면, 그 사이 친구들은 벌써 나가서 줄을 서고 있어요. 무엇이 잘 안 될 때엔 도움을 청하는 것이 당연하지만, 마지막에 줄 서게 되는 것은 억울할 수 있어요. 단체 생활을 하다 보면 생기는 흔한 경우입니다. 또 집에서는 잘 몰랐지만 우리 아이의 행동이 다른 아이보다 느린 편은 아닌지 살펴봐 주세요. 신발을 스스로 잘 신을 수 있더라도 다른 아이들보다 시간이 더 걸리는 경우가 있습니다. 혹은 어쩌다가 한두 번 마지막에 섰는데 그것이 싫은 유아도 있어요. 일부러 한 아이만 마지막에 불러야지 하고 주의를 기울이지 않는 이상 선생님이 한 명의 유아만 매번 마지막에 부르는 경우는 없지 않을까 생각됩니다. 저희 둘째는 '엄마, 나 찍찍이 같은 거 없이 발이 한 번에 쏙 들어가는 운동화 사줘. 바깥 놀이 나갈 때 신발 빨리 신고 싶어'라고 말한 적도 있답니다.

유치원에서 '나만' 무슨 일이 있기는 참 힘들어요. 선생님은 여러 명의 유아들을 한꺼번에 대하는데 한 명의 유아에게만 무엇을 하는 일은 거의 없거든요. '나만 ~~ 했어.'라고 이야기할 때엔 우리 아이의 마음대로 안 되는 일이 있었거나 불만이 있는 등 마음의 불편함을 표시하는 것일 수도 있어요. 그럴 땐 '우리 ○○이가 그랬어? 속상했겠네.'라고 말하며 아이의 마음을 풀어주세요. 엄마가 내 마음을 알아주면 우리 어린이들은 언제 그랬냐는 듯 마음이 금세 밝아진답니다. 그래도 혹시 아이가 반복적으로 비슷한 이야기를 하거나, 의문이 생기는 것이 있다면 선생님과 상담을 해 보는 것도 좋습니다.

# 03

# 친구들이 안 놀아줘요

　유치원에 다니는 유아들이 집에 와서 친구들이 안 놀아 준다고 이야기할 때, 부모의 입장에서는 여간 걱정스러운 것이 아닙니다. 우리 아이가 친구들과 잘 지내는 줄 알았는데 말이죠. 무슨 일이 있는 건 아닌지, 특정한 아이하고만 잘 못 지내는 건지, 다른 아이들이 우리 아이만 끼워주지 않는 건지 등등 한꺼번에 여러 가지 생각들이 들기 마련입니다. 아이에게 이것저것 물어보지만, 아이가 자세하게 이야기를 해주지 않거나, 이야기를 하더라도 이 말이 다 맞는 건지 확실하지도 않지요.

　**5~6세 정도의 발달 단계**에 있는 유아들은 일부러 누구와 놀아주고, 놀아주지 않고를 할 수 있는 발달의 단계가 아닙니다. 그저 **내가 원하는 친구가 내가 원하는 놀이를 하지 않으면 안 놀아준다고 생각하고 말합니다.** 이 시기의 유아들은 자신이 선택한 놀이에 집중하면 옆 친구를

배려하고 챙겨주는 게 아직은 힘들어요. 그리고 내가 '이것'을 하고 싶다면, 친구는 내가 하고 싶은 대로 따라와 주어야 한다고 생각하지요. 발달의 개인차가 있지만 이 시기의 유아는 아직 친구의 마음마저 헤아리지는 못합니다. 친구들이 원하는 것과 내가 원하는 것이 서로 충돌하면 친구는 나와 놀고 싶지 않거나 놀 아주지 않는다고 생각하게 됩니다. 아이들의 발달상 당연하고 자연스러운 상황입니다. 누가 무엇을 잘못하는 상황이 아니에요.

## 이럴 때 유아들은 친구들이
## 안 놀아 준다고 말합니다.

- 내가 같이 미술 놀이하자고 했는데 친구가 '난 블록 놀이할래'라고 대답했을 때
- 친구가 만든 블록을 만져보고 싶어서 내가 계속 쳐다봤는데 친구가 만져 보라고 이야기하지 않을 때
- 내가 친구에게 아기 역할 하라고 말했는데 친구가 언니 역할을 하고 싶어 할 때
- 내가 같이 놀고 싶은 친구가 다른 친구랑 먼저 놀이를 시작했을 때

유아들은 위의 모든 상황을 '친구가 나랑 안 놀아줘'라고 표현합니

다. 유치원에서는 이런 상황들이 일어날 때마다 선생님이 나의 마음과 친구의 마음을 설명해 주고, 최대한 모두가 만족할 해결방안에 대해 유아들과 함께 이야기를 나누지요. 그러면서 순서를 정해보는 경험, 양보를 해보는 경험, 친구의 배려를 받는 경험 등을 하게 됩니다. 아이는 친구의 마음에 대해 설명해 주는 선생님의 이야기를 들으며 타인에 대한 이해가 넓어지게 된답니다. 이런 이유로 내 아이에게 모든 것을 맞춰주는 환경보다 다양한 친구들과 사소하게 의견이 맞지 않거나 마음이 맞지 않아서 불편한 경험을 하게 되는 환경이 우리 아이의 성장에는 더 도움이 될 수 있어요. 본인의 입장만 생각할 수 있던 유아들이 자라면서 점점 내 주변의 상황과 친구들의 마음까지도 알아가게 되는 것이 계속해서 발달해 나가는 유아들의 사회성입니다.

**7세 정도의 발달 단계에 있는 유아들**은 서서히 친해지고 싶은 친구, 좋아하는 친구가 생기게 됩니다. 또 이제 혼자 놀이하기 보다는 친구들과 서로 어울려 놀이하는 것이 즐거운 시기입니다. 친구들과의 관계가 본격적으로 형성되면서 의견 충돌이 두드러지게 나타나는 시기이기도 합니다.

보통 친구들과의 문제는 내가 함께 놀고 싶은 친구가 나와 놀고 싶지 않은 데서 시작합니다. 그 친구는 다른 아이와 놀고 싶거든요. 내 아이가 어떤 친구랑 놀고 싶어 할 때 그 친구가 내 아이와 놀아야 할 의무는 없습니다. 아이들도 다 각자의 마음이 있는데 억지로 내 아이와 놀라고 시킬 수도 없지요.

유치원에서는 모두 함께 놀이할 수 있는 환경을 제공해 줍니다. 또, 속상한 친구의 마음을 헤아려 같이 놀이하는 것을 권하기도 합니다. 그리고 놀이에 참여하지 못하는 유아에게 놀이에 적극적으로 참여할 수 있도록 지도하지요. 가정에서도 내 아이가 친구들과의 관계나 놀이에 끼어들어 놀이할 수 있도록 지도하는 것이 필요합니다. 다른 친구들이 내 아이의 마음을 헤아려주고 쑥스러운 내 아이를 놀이에 들어오도록 배려해 주기에는 친구들도 아직 어린 유아들이거든요. 선생님이나 부모님이 도움을 주겠지만 가장 중요한 것은 스스로 친구들과 잘 어울리기 위해서 노력하는 것입니다.

## 우리 아이가 친구들의 놀이에 참여할 수 있도록 방법을 알려주세요.

- **다가가기** ···› "친구야, 같이 놀자."
- **참여하기** ···› "무슨 놀이 하고 있었어? 그럼 내가 ○○역할 할게."
- **놀이 제안하기** ···› "얘들아, 이것 좀 봐. 이 블록들이 뱅글뱅글 돌아가."
- **순서 정하기** ···› "네가 먼저 하고 그다음에는 내가 할게.", "가위바위보로 정할까?"
- **친구의 생각 받아들이기** ···› "정말 좋은 생각이야, 우리 같이 만

들자."

- **내 생각 이야기하기** ⋯⟩ "나는 이렇게 하고 싶어."
- **나와 친구의 생각 조율하기** ⋯⟩ "그럼 우리 이렇게 해보는 건 어때?"

아이가 친구들에게 자신감 있게 이야기하고 다가가도록 용기를 주세요. 혹시 친구들이 부당하게 행동할 때에는 선생님께 도움을 부탁해도 됩니다.

그런데 아이가 끼어들기에는 이미 너무 단단한 관계도 있습니다. 그렇다면 우리 아이와 성향이 맞는 다른 새로운 친구를 찾아보는 것도 괜찮습니다. 유치원에서는 먼저 다가가 말 걸기 등 적극적으로 다가가고, 유치원이 끝난 후에는 반 친구들이 자주 노는 유치원 근처 놀이터에서 함께 놀이 시간을 가지는 것도 하나의 방법이 될 수 있습니다. 부모님의 적극적인 도움이 가능하다면 새로운 친구를 집으로 초대해서 놀이를 할 수도 있습니다. 우리 집에서 놀이할 때는 수줍은 성향의 유아들도 조금은 더 자신감 있게 친구를 대할 수 있어요.

소수의 아이들이 모여서 놀이할 때에는 친구들과의 문제가 없는 경우가 대부분입니다. 다수의 유아들 속에서 서로의 의견이 다르고 합의가 되지 않을 때 문제가 생기지요. 아직 사회생활이 서툰 유아들에게는 당연한 일입니다. 아직 어리니까 친구 관계에서 문제를 풀어나가는 방법을 하나씩 차근차근 배워나가면 됩니다. 유치원 환경은 다른 사람들과 원만하게 지낼 수 있는 사회성을 키우기에 아주 적합합니다. 한 교실 안에서 여러 명의 친구들과 다양한 놀이를 하며 지내다 보면 자연스럽게 여러 가지 경험을 할 수 있어요.

- 나와 생각이 다른 친구를 만나보는 경험
- 내가 의도하지 않았지만 다른 친구에게 방해가 될 수도 있다는 경험
- '이 친구는 좀 예민하구나', '이 친구는 친절하구나'와 같이 다른 사람의 성향을 알게 되는 경험

이처럼 가정에서는 접해보지 못한 경험을 하게 됩니다. 이때 선생님이라는 지원자가 있어서 문제가 있을 때 바로 도움을 요청할 수 있어요. 이를 통해서 자연스럽게 친구들과의 긍정적인 관계를 맺는 사회적 기술을 습득하게 됩니다. 그래서 혹시 친구들과 갈등이 있다고 해서 너무 민감하게 반응하거나 걱정하지 마세요. 대부분의 소소한 갈등은 교사와 부모의 지원 속에서 유아들이 해결해 나갈 수 있어요. 그러한 과정을 통해 더욱 성장할 수 있답니다.

# 친구들이 함께 놀고 싶어 하는
## 인기 있는 유아의 특징

● **친구에게 양보할 줄 압니다.**

> "너도 이거 가지고 놀고 싶어? 그럼 먼저 해. 난 다른 거 하고 있을게."

친구들과 사소한 감정 줄다리기를 하지 않습니다.

● **친구를 배려할 줄 압니다.**

> "그렇게 하면 ○○이가 기분이 안 좋을 것 같아. 우리 이렇게 하는 건 어때?"

친구의 기분을 생각하고 잘 표현하지 못하는 친구를 배려하고 챙깁니다.

● **친구에게 공평한 제안을 합니다.**

> "네가 원하는 미술 놀이 먼저 하고, 그다음은 내가 하고 싶은 놀이 하자."

친구와 의견이 다를 때에 서로가 만족할 수 있는 제안을 합니다.

- **놀이를 창의적이고 재미있게 이끌어 갑니다.**

> "우리 여기를 하늘반 꽃 가게라고 할까? 난 돈 받는 사람
> 할게. 넌 배달하는 사람 할래?"

재미있는 놀이가 진행되면 아이들은 그 놀이를 함께 하고 싶어
합니다.

- **약속을 잘 지키며 자신의 생각을 잘 표현합니다.**

> "우리 반 약속을 만들 때 친구의 손에 있는 것은 가져가면
> 안 된다고 했잖아."

친구가 약속을 어겼을 때 화내거나 소리치지 않고 친구에게 설
명하고 설득합니다.

- **친구에게 화내거나 짜증을 내는 경우가 없습니다.**

친구와의 좋은 관계 맺음을 위해서는 내가 화가 나거나 짜증이
나는 경우라도 참아야 할 경우가 있습니다. 내가 원하는 대로 안
된다고 화를 내지 않고, 문제가 있을 때 친구에게 말로 협상하고
설득해서 문제를 해결해 나가는 친구를 좋아합니다.

# 아이가 유치원에서
# 속상한 일이 있었대요.

저녁 시간은 아이를 개운하게 씻기고 재우려고 누워서 우리 아이와 책도 보며 이야기를 나누는 참 행복한 시간입니다. 평소에 말이 별로 없는 아이라도 엄마와 단둘이 누워서 이런저런 이야기를 하다 보면 평소에는 잘 말하지 않던 아이의 마음속 이야기를 들을 수 있어요. 아이는 마음 경계선이 무장해제된 상태에서 엄마 품에 안겨서 이야기하다 보면 낮에 있었던 혹은 며칠 전에 있었던 억울하고 속상했던 일들이 떠오르기도 합니다.

아이는 엄마에게 불쑥 예전에 있었던 일을 이야기하며 슬펐다고 이야기합니다. 속상해하는 우리 아이를 보면 참 마음이 아프지요. 급기야 아이가 눈물을 보입니다. 우리 아이를 속상하게 한 친구가 야속하게 느꺼지기도 하고, 선생님이 우리 아이를 잘 챙겨주시는지 갑자기 궁금해지기도 합니다. 아이의 말과 눈물에 마음이 흔들리지 않을 부모가 있을까요? 어떻게 된 일인지, 누가 무엇을 얼마만큼 잘못했는지 따져보고 싶은 마음이 들면서 엄마의 마음도 함께 슬프고 무거워집니다.

> "친구가 날 밀치고 지나갔어."
>
> "내가 먼저 줄 섰는데 친구가 앞에 와서 섰어."
>
> "내가 먼저 그 장난감 갖고 놀다가 내가 잠깐 내려 놓은 건데 그 친구가 가져갔어."

유치원은 하나의 작은 사회입니다. 어른들의 사회와 크게 다르지 않아요. 생각과 마음이 서로 다른 유아들이 함께 생활하다 보면 타인과의 관계에서 서운한 일도 생기고, 속상한 일도 생기고, 어떨 때엔 억울한 일도 생기지요. 같은 말을 해도 어떤 친구는 기분이 나쁘지 않고, 어떤 친구는 기분이 나쁘다고 합니다. 나는 늘 약속을 잘 지키는데 약속을 지키지 않는 친구 때문에 방해가 될 때도 있어요. 매일 다수의 친구들을 만나며 생활하는 작은 사회에서 속상한 일이 생기는 것은 어쩌면 당연한 일입니다.

**속상한 일 중에서도 명백하게 원인이 드러나는 일들은 선생님의 중**

**재로 일이 해결될 것입니다.** 예를 들어 모르고 친구를 툭 치고 지나가는 일이 일어났을 때 유치원에서는 이런 상황에서 적절하게 말하고 행동하는 방법을 함께 이야기하며 배우게 됩니다. 모르고 치고 간 유아가 '미안해, 모르고 그랬어', 부딪힌 유아가 '괜찮아'라고 말하면서 상황이 정리됩니다.

아이들 세상에서 '미안해', '괜찮아'는 마법의 단어에요. 아이들은 어른들과 달리 감정 전환이 아주 쉽고 빠르게 나타나요. 제대로 사과만 하면 사과를 인정하고 친구를 이해한답니다. 그리고 아무 일도 없었던 것처럼 즐겁게 놀이하지요.

**하지만 속상한 일 중에서 명백하게 드러나지 않고 보이지 않게 지나가는 일들도 유치원에서 일어납니다.** 내가 친구에게 양보하고 싶어서 했는데 시간이 지나고 보니 억울하게 느껴질 때도 있고, 친구의 어떤 행동에 그 순간에는 속상하게 느끼지 못했는데 계속 생각나며 기분이 나쁠 수도 있지요. 일어나는 모든 일에 대해 사과받고, 사과하고 억울함을 풀고 마음이 정리되면 좋겠지만 사회라는 공간 속에서 모든 일들이 정확하고 명백하게 해결되지는 않아요.

**명백하게 드러난 일이든, 보이지 않게 일어난 일이든 아이의 마음에 속상함이 남아 있을 때** 아이는 자신이 가장 신뢰하고 사랑하는 엄마에게 마음속 이야기를 하지요. 이야기를 들은 그 순간은 엄마도 화가 나고 속상한 마음이 들 수 있지만 아이 앞에서는 태연하게 들어주세요. 그래야 우리 아이의 마음을 정확하고 깊게 들여다볼 수 있으니까요. 아이는 엄마의 숨소리, 눈빛, 표정 하나에도 민감하게 반응해요. 엄마가 더 흥분해서 그런 일이 있었냐며 화를 내고 더 속상해하면 아이도 불안하고 속상한 감정이 더 강화되겠지요.

아이들끼리의 갈등 상황에 조금은 태연하게 대처하며 아이를 다독여주세요.

"그런 일이 있었구나. 그래, 그런 일이 일어날 수도 있단다. 괜찮아."

"다른 친구들 모두 우리 ○○이와 마음이 같지 않아서 그래."

아이의 속상했던 마음도 누그러지고 자신의 감정을 숨김없이 엄마에게 표현할 수 있어요. 아이가 마음속 이야기를 다 토해내고 나면 누가 무엇을 잘했는지 잘못했는지를 탓하지 말고 오롯이 우리 아이의 감정을 잘 보듬어 주세요. 이때는 객관적인 판단보다 내 아이의 편에 서서 같은 감정을 느끼는 게 중요하답니다.

"우리 ○○이가 속상했겠구나. 지금은 괜찮니?"

"화가 많이 났을 텐데 우리 ○○이가 잘 참았구나."

"엄마가 늘 우리 ○○이 이야기 들어줄 테니까 속상한 일 있으면 언제든지 엄마한테 이야기해."

"엄마는 언제나 우리 ○○이 편이야."

얼마나 속상했을지에 대한 공감, 그 순간을 참아낸 것에 대한 격려, 무슨 일이 있어도 엄마는 네 곁에 있다는 든든함을 보여주세요. 아이는 엄마가 내 편인 사실만으로도 속상한 마음은 사라지고 마음이 재충전될 것입니다. 엄마에게 속상한 이야기를 하는 이유는 과거로 돌아가 그 친구를 혼내달라는 것이 아닐 거예요. 엄마의 위로와 따뜻한 사랑을 느끼고 싶은 마음이지요.

물론 아이의 입장에서 이야기를 들어주면서도 엄마는 객관적인 판단을 할 필요가 있습니다. 아이들끼리의 일시적인 사소한 감정 다툼은 엄마가 감싸주며 다독여 줄 수 있어요. 하지만 혹시 아이가 반복적으로 같은 일로 속상한 일이 있었거나 아이 스스로 해결할 수 없는 구조적인 문제가 있다면 선생님께 도움을 청하는 것이 좋겠습니다.

아이가 유치원을 아무리 즐겁게 다닌다고 해도 아이들끼리의 사회생활이 쉽지 않을 수 있어요. 가정보다 조금 더 큰 세상인 유치원 생활을 하다 보면 다른 사람에 대해 서운한 감정, 속상한 감정을 느끼게 마련입니다. 아이는 그런 상황 속에서 어떻게 대처하여 다른 사람과의 관계를 유지해 나가는지 배우게 됩니다. 아이들끼리의 사회생활에서 느끼는 어려움이자 꼭 이겨내야 하는 부분이지요.

아이들의 작은 유치원 사회는 어른들의 사회와 참 많이 닮아 있지만 다른 점도 있어요. **어른들과 다르게 아이들은 속상한 일이 있었어도 그 감정이 잘 변화한다는 점이에요.** 마치 아이들은 감정의 리셋 버튼이 있는 것처럼 금세 언제 그랬냐는 듯 친하게 지낼 수 있지요. 아이들의 속상한 감정을 옷에 묻은 얼룩으로 비유하자면 유치원에서 있었던 소소한 감정의 얼룩들은 엄마의 무한한 사랑과 보살핌 속으로 깨끗하게 세탁될 수 있답니다. 엄마의 끝없는 사랑으로 아이가 넓은 세계에 즐겁게 나아갈 수 있도록 마음을 재충전해 주세요.

# 우리 아이에게
# 상처가 생겼어요.

아이를 키우다 보면 생각지 않게 아이가 다치는 경우가 종종 있지요. 여러 명의 유아들이 함께 생활하는 유치원에서도 마찬가지입니다. 유치원에 보내본 부모라면 한 번쯤은 아이가 유치원에서 상처가 생긴 일을 경험해 보셨을 것 같습니다. 손가락에 작게 난 상처부터 심하게는 이가 부러지거나 병원에서 꿰매는 상처가 생길 때도 있지요. 또, 상처가 우리 아이 스스로 생긴 경우도 있지만 다른 아이 때문에 생기는 경우도 있습니다. 아이가 다치는 일은 이유가 어떻든 속상한 일입니다.

## 손가락에 상처가 생겨 왔어요.

유치원에서 집에 돌아온 아이가 손가락이 긁힌 상처를 보여줍니다. 어쩌다가 다쳤냐고 물어보아도 모른다고만 합니다. 답답하기도 하고, 선생님께 물어봐도 속 시원히 정확하게 설명해주지 못할 때도 있습니다. 밴드나 약도 발라주지 않은 선생님에게 서운한 마음도 들 수 있습니다. 그런데, 아이가 인지하지 못한 상처는 선생님도 알 수 없는 경우가 많습니다. 아이가 선생님께 손가락이 긁혔다고 말하러 오지 않으면 다수의 유아들 중 한 아이의 손에 생긴 작은 상처를 알아채기는 힘들기 때문입니다. 유치원이 안전한 공간이지만 아이들 손에 작은 상처가 생기는 일은 자주 생깁니다. 책을 보다가 종이에 베이기도 하고, 어딘가에서 긁히기도 합니다. **아이에게 상처가 생기거나 아픈 곳이 있을 땐 선생님께 꼭 말을 하라고 알려주세요.** 선생님이 밴드를 붙여주실 거예요.

## 우리 아이 얼굴에 상처가 생겼어요.

내 아이의 얼굴에 상처가 생기는 일은 무척이나 속상한 일입니다. 게다가 다른 아이로 인해서 생긴 상처라면 화가 나기도 합니다. 얼굴에 생긴 상처는 선생님이 모를 수가 없으니 상황을 설명해 주실 거예요. 보통 두 가지 경우입니다. 우연히 일어난 사고거나 혹은 다툼이 있었던 경우입니다. 우연히 일어난 사고는 우발적으로 일어난 일입니다. 책꽂이에서 책을 꺼내다가 뒤에 있는 친구 얼굴을 긁히게 했다든지, 혹은 내 아이가 혼자 넘어져서 상처가 생기는 경우도 있습니다. 두 번째는 다툼으로 인해 생긴 상처입니다. 다툼으로 인해서 상대방 친구가 얼굴을 긁었다든지, 놀잇감을 던졌다든지 등으로 인해 상처가 생긴 경우입니다.

얼굴에 상처가 생겼다면 선생님이나 상처를 낸 친구의 부모님으로부터 연락이 오겠지요. 상대편 부모로부터 연락이 왔을 때, 우연히 발생한 사건이고 상처가 경미하다면 함께 지내는 반 친구로서 서로 이해하고 앞으로 조심하는 방향으로 이야기하는 게 좋습니다.

다른 아이와 우리 아이가 다투다가 아이 얼굴에 상처가 난 경우라면 더 속상할 수도 있어요. 하지만 한 쪽이 일방적인 경우는 거의 없으니 두 친구의 이야기를 들어보는 것이 중요합니다. 때린 친구가 화를 참지 못하고 공격적인 행동을 한 것은 분명 잘못이지만 그런 행동이 나오기까지 이유가 있는 경우도 있기 때문이에요. 보통 선생님께서 양쪽 친구의 이야기를 듣고 서로 잘못한 것이 있으면 사과도 하고 화해도 시킵니다. 상황에 따라 다르겠지만 가벼운 상처라면 때린 친구의 부모님의 사과를 받아들이고 우리 아이가 잘못한 부분도 인정하며 부모님들끼리도 원만하게 이야기하고 마음을 푸는 편이 좋습니다.

이성적으로는 애들끼리 서로 다툴 수 있다고 생각하지만 막상 내 아이의 얼굴에 상처가 생기면 속상한 마음과 원망의 마음이 들 수 있어요. 하지만 순간적으로 화나는 마음을 상대편에게 드러내고 나면 시간이 지난 후 후회가 될 때가 있습니다. 입장이 바뀌어 우리 아이가 다른 아이를 다치게 하는 경우도 있을 수 있고요. 중요한 것은 앞으로는 이런 일이 일어나지 않도록 하는 것이겠지요. 이번 일이 내 아이에게 부정적인 경험으로 기억되기보다는 앞으로 다른 모든 친구와의 관계에 도움이 될 수 있는 경험이 되도록 가정에서도 지도한다면 더욱 좋겠습니다.

● **이런 말은 안 돼요.**

> "친구가 때릴 때 너는 뭐 했니? 너도 때렸어야지."
>
> "어디 가서 때리면 때렸지 맞고 다니지 마."

● **이렇게 이야기해 주세요.**

> "아무리 화가 나도 다른 사람을 때리면 안 된다는 거 우리 ○○이는 알지?"
>
> "친구가 싫은 행동을 할 땐 친구한테 '하지 마'라고 이야기하는 거야."
>
> "하지 말라고 이야기를 해도 친구가 계속 같은 행동을 하면 선생님께 말씀드려도 돼."

# 06

# 우리 아이가
# 다른 아이를 때렸대요

담임 선생님이 귀가 시간이나 전화로 잠시 말씀드릴 일이 있다고 할 때, 보통은 오늘 아이에게 무슨 일이 있었을 경우가 많습니다. 특히 다툼이 있었을 때, 우리 아이가 다른 아이를 때렸다거나 아니면 맞았다거나 등의 문제로 선생님으로부터 연락이 옵니다.

## 우리 아이가 모르고 다른 아이에게
## 상처를 생기게 한 경우

우리 아이가 다른 아이에게 상처를 생기게 했을 경우 우발적인 경우와 아이가 의도한 경우가 있는데요. 우발적으로 일어난 일은 내 아이가 뛰어가다가 다른 아이와 부딪혔다거나, 내 아이가 놀잇감을 정리하다가 모르고 다른 아이의 얼굴을 긁히게 했다거나 하는 일입니다.

우리 아이가 클리어 파일을 들고 가다가 파일의 모서리로 친구 얼굴을 긁히게 한 상황을 가정해 보겠습니다. 이런 경우는 본의 아니게 친구에게 상처를 입힌 아이, 그리고 가만히 있다가 아픔을 느끼는 아이 모두 당황하고 놀랐을 수 있어요. 교사는 두 아이 모두를 안정시키고, 상처에 맞는 처치를 하고, 사과할 일은 사과하고 서로 조심해야 할 부분들에 대해서 이야기를 나누며 지도를 합니다. 그러면 아이들은 금세 언제 그런 일이 있었냐는 듯이 평소처럼 놀이하겠지요.

그리고 선생님께서는 두 아이의 부모님께 연락을 드릴 거예요. 이때 우리 아이로 인해서 다른 아이 얼굴에 상처가 생겼다는 연락을 받으면 부모님도 속이 상하고 어떻게 해야 할지 모르는 마음이 들 수 있어요. 상처의 정도나 상황에 따라 다르겠지만 친구 부모님께 아이의 상처가 괜찮은지 사과와 걱정의 마음으로 연락을 하는 것이 좋습니다. 아이의 상처에 따라 밴드나 약을 사서 줄 수도 있습니다.

함께 지내다 보면 이런 일들이 일어날 수가 있어요. 어떨 땐 내 아이가 다른 아이에게 상처를 주기도 하고 어떨 때엔 우리 아이가 다쳐서 오기도 하지요. 상처의 종류나 상황에 따라 다르지만 우연히 일어난 아이들끼리의 경미한 사고라면 아이들이 '미안해', '괜찮아'하고 이야기하듯 부모님들도 넓은 마음으로 서로를 이해하면 좋겠습니다.

아이들이 함께 놀이하다 보면 다툼이나 분쟁이 생기는 경우가 있습니다. 아이마다 생각과 마음이 다르다 보니 생기는 현상입니다.

유아들은 다른 사람과 나의 이익, 생각이 충돌했을 때 그것을 원만하게 조절하는 사회적인 경험을 지금 막 배워나가는 단계입니다. 설득, 협상, 양보, 배려 등을 말로 표현하고 수용하는 방법들을 놀이하는 과정에서 배워나가고 있어요. 다시말하면 아이들은 아직 자신의 마음을 말로 표현하는 것이 미숙합니다. 그래서 간혹 속상한 마음을 거칠게 행동으로 표현하기도 해요. 친구를 밀치거나 놀잇감을 던지는 등의 행동을 하게 됩니다.

유치원에서 한 아이가 다른 아이를 때리는 상황이 일어났을 때 선생님은 한 명, 한 명 아이의 이야기를 차분히 듣습니다. 두 아이 모두 자신의 생각과 입장이 있거든요. 이야기를 다 듣고 엉킨 실타래를 풀 듯 아이의 감정을 풀어서 정리해나갑니다. 사건의 순서대로 감정을 따라가다 보면 때린 아이도 맞은 아이도 서로에게 사과할 일들이 있어요. 사과할 일은 사과하고 각자 원하는 것에 대해서도 이야기해서 두 아이가 원하는 최선의 방법을 함께 이야기하며 찾습니다. 그리고 때린 유아에게는 앞으로 이런 상황이 또 생기면 친구를 때리는 행동 대신 말로 표현할 수 있도록 한 번 더 지도하겠지요.

선생님의 전화를 받고 우리 아이가 다른 아이를 때렸다는 소식을 들으면 부모님은 당황스럽기도 하고 우리 아이의 잘못된 행동에 속도 상합니다. 아이가 유치원에서 돌아 오면 함께 대화를 시작해 보세요. 아이가 엄마에게 화가 날 수밖에 없었던 상황을 강조하며 이해받고 싶어 할 수도 있습니다. 우선 아이의 이야기를 들어주세요.

● **화가 난 아이의 감정을 이해해 주되, 앞으로는 그런 행동을 하지 않도록 약속합니다.**

> "그래, ○○이가 그래서 화가 난 거구나."
>
> "너무 많이 화가 나서 장난감을 던졌구나. 하지만 장난감을 던지는 건 안 돼."
>
> "장난감을 던지면 던진 장난감에 맞아서 다른 사람이 다칠 수도 있기 때문이야."

놀이하다 보면 친구로 인해서 화가 날 일이 많습니다. 친구가 먼저 잘못을 해서 화가 난 경우도 있지요. 하지만 이런 경우 아이에게 반드시 이야기를 해줘야 하는 부분은 아무리 화가 나도, 어떤 상황에서도 다른 사람을 때리면 안 된다는 점입니다. 또한 다른 사람을 때리고 싶을 정도로 화가 나거나 마음대로 되지 않을 때 어떻게 말을 해야 하는지 알려주

**어야 합니다.** 생각보다 아이들이 자신의 마음을 말로 표현하는 연습이 필요한 경우가 많습니다.

● **화가 날 때 친구에게 할 수 있는 말**

> "네가 그렇게 하면 나는 화가 나."
>
> "네가 그렇게 말하면 기분이 나빠."

● **공격적인 행동을 하지 않도록 자신의 생각을 말로 표현할 수 있도록 도와주세요.**

> "○○아, 그만해."
>
> "○○아, 하지 마."
>
> "이제 내 차례잖아."
>
> "그거 내가 놀고 있던 거잖아. 돌려줘."
>
> "이렇게 하는 건 약속을 지키지 않는 거야."

그리고 우리 아이가 다른 아이에게 상처를 생기게 했다면 상처가 생긴 친구의 부모님께 아이의 상처가 괜찮은지 걱정하는 마음으로 연락해서 사과합니다. 아이의 상처에 적합한 밴드나 약을 사서 줄 수도 있고, 혹시 병원 치료가 필요한 경우라면 상대 부모님과 협의하면서 원만하게 해결하는 것이 좋습니다.

　가정에서도 형제끼리 혹은 부모와 함께 지내면서 내 아이의 공격적인 행동들이 보일 때가 있어요. 원만한 사회적인 관계를 위해서는 내 감정을 조절해 보는 경험, 기분이 안 좋을 때 내 마음을 말로 표현하는 경험은 앞으로도 지속적해서 연습하고 습득해야 할 부분입니다. 어떤 상황에서도 다른 사람을 아프게 하면 안 된다는 사실은 반드시 아이가 인지할 수 있도록 지도해 주세요.

# 07

# 유치원 놀잇감을
# 집으로 가져왔어요

　유치원에는 매력적인 물건이 많습니다. 가지고 놀다 보면 갖고 싶다는 생각이 들만한 작은 소품들도 많지요. 만약 우리 아이가 유치원 장난감을 가정으로 가지고 왔다면 어떻게 하면 좋을까요? 이럴 경우 부모님이 아이를 호되게 꾸짖는 경우가 많습니다. 우리 아이가 해서는 안 되는 행동을 했다고 생각하기 때문입니다. 하지만 아이들의 발달 특성을 고려한다면 이해가 될 수 있는 행동이랍니다.

　유아들은 아직 객관적인 사고를 하지 못합니다. 지극히 주관적으로 생각하지요. 눈에 보이는 것이 다 보이지 않고 내가 보고 싶은 것만 보입니다. 친구들이 여러 가지 이야기를 해도 내가 듣고 싶은 말만 들어요. 아이들 발달 단계의 전형적인 특징입니다. 인형 하나를 놓고 나는 인형의 앞에서 인형을 보고, 친구는 인형의 뒷면이 보이는 위치에서 인형을 보고 있다고 가정해 봅니다. 이때, 유아들은 친구도 나처럼 인형의 앞면을 보고 있다고 생각합니다. 이렇게 **타인의 관점과 생각을 이해하지 못하고 자신의 관점만을 생각하거나, 타인의 관점도 자신의 관점으로 이해하는 것이 유아기의 '자기중심성'입니다.**

유아기의 가장 큰 특징인 자기중심성 때문에 내가 관심 있는 한 가지에 집중하면 그 주변의 다른 것들에 대한 판단은 흐려집니다. 놀잇감을 너무 갖고 싶은 마음에 집중한 나머지 유치원 물건은 집으로 가지고 가면 안 된다는 약속은 생각 저편으로 사라져버립니다. 그렇게 순간적인 감정과 행동으로 놀잇감을 집에 가지고 가게 되는 것입니다. 부모님들은 우리 아이가 내 것이 아닌 물건을 마음대로 가지고 온 것에 놀랍니다. 그리고 보편적인 도덕적 잣대로 아이를 봤을 때 아이가 큰 잘못을 했다고 생각하게 됩니다. 그리고 이번 기회에 다시는 이런 일을 하지 못하도록 혼을 내어 행동을 고치려는 생각에 아이를 혼내게 되지요.

실제로 흥분된 목소리로 부모님이 유치원으로 전화를 해서 아이가 유치원 물건을 가지고 집에 왔다며 당장 유치원에 돌려주러 가겠다고 하는 전화를 받아본 적이 있습니다. 아이는 너무 주눅 들어 있었고, 부모님은 적잖이 놀라신 것으로 보였습니다. 부모님께 잘 설명을 하고, 아이도 마음을 다독여서 추슬러 주고 돌려보냈었습니다. 부모님께서 걱정하는 비슷한 일은 다시 발생하지 않았고요. 이런 식의 해결 방법은 유아 발달에 대한 이해가 부족한 채 성인 중심의 시각으로 아이를 다그

친 경우입니다.

어린 유아들이 어떤 잘못을 했을 때, 잘못을 알면서 일부러 그런 일을 하는 경우는 별로 없습니다. 대부분이 잘 몰라서 그랬거나, 내가 원하는 것에만 집중해서 잘못을 인지하지 못하거나, 바르게 표현하는 방법을 몰라서 잘못된 방법으로 표출되었거나 하는 등입니다. 유치원 물건을 집에 가져가는 일도 '유치원 물건을 가져가면 안 되는 게 약속이지? 하지만 난 약속을 어기고 이걸 꼭 집에 가져가야지' 하는 마음이 아니라 '이것 너무 재미있네, 집에 가서도 이것 가지고 놀고 싶어' 하는 마음인 거지요.

우리 어린 유아들을 대할 때에는 성인의 관점, 도덕적 기준으로 판단하기보다 그 순간의 아이들 마음의 눈높이에 맞춰 살펴봐 주세요. 그리고 어떻게 해야 하는지를 알려주세요. 우리 아이들은 자기중심적인 특성도 가지고 있지만 제대로 된 지도와 훈육을 받으면 금세 변화하기 쉬운 특성도 갖고 있답니다.

# 아이들은 얼마든지
# 바르게 변할 수 있어요.

어린 유아들은 일부러 나쁜 행동, 나쁜 말을 하는 경우는 거의 없습니다. 아이의 마음을 읽어주고 각각의 상황에서 어떻게 해야 하는지 일관성 있게 지속해서 알려주면 아이는 변화합니다.

- 다른 아이를 밀치는 경우
- 언어 표현이 서툴러서 '안 놀아', '싫어'라고만 말하는 경우
- 친구를 방해하는 경우
- 언어로 다른 아이들의 기분을 나쁘게 하는 경우

위와 같은 문제 행동들은 많은 유아가 함께 생활하는 유치원 교실에서 빈번하게 일어납니다. 위와 같은 행동을 하는 아이들은 나쁜 아이라서 그렇게 행동하는 것이 아닙니다. 바르게 행동하는 방법을 잘 몰라서, 또 아직 미숙해서 그런 것입니다. 세상에 태어난 지 몇 년 되지 않은, 이제 막 세상을 알아가고 자라가는 유아들이 모든 면에서 완벽할 수 없습니다. 정도의 차이는 있겠으나 유아들은 개별적으로 계속해서 부족한 부분을 채워나가며 성장해 갑니다.

잘못된 행동을 한 유아들과 이야기를 나누어보면 본인 나름의 이유가 다 있습니다. 그리고 나의 말과 행동이 다른 사람에게 어떤 영향을 주는지 잘 모르는 경우가 많습니다. 잘못된 행동을 바람직한 행동으로 바꾸기 위해서는

첫 번째, 아이의 이야기에 진심으로 귀 기울여주고 반응해주세요. 아이가 속상했는지, 화가 난 건지, 부끄러웠던 건지 살펴보고 공감해주세요.

두 번째, 나의 말과 행동이 타인에게 어떠한 영향을 주었는지 설명을 해줍니다.

세 번째, 그 상황에서 아이가 할 수 있는 바람직한 행동과 말을 알려줍니다. 그리고 앞으로 같은 상황이 벌어졌을 때 어떻게 해야 하는지 아이와 함께 대화를 나누고 다짐도 받습니다.

대개 유아들은 고의로 문제 행동을 일으키기보다 우발적이거나 본능적인 경우가 많습니다. 그래서 본인은 무엇을 잘못했는지도 모르는 상태에서 아이에게 윽박지르거나 혼을 낸다면 아이는 혼난 감정만 느낄 뿐 바람직한 행동으로의 변화는 기대할 수 없습니다. 아이에게 감정적으로 혼을 내는 것은 참 쉬운 일입니다. 그런데 아이를 바꾸려면 그 쉬운 방법은 잘 통하지 않아요. 잘못한 행동을 질타하기보다는 인내심을 가지고 아이가 잘 몰랐던 부분을 알려주며 앞으로 어떻게 행동해야 할

지를 생각하고 인식하게 하는 것이 중요합니다.

　그런데 이렇게 진심을 담아 아이를 지도한다고 해서 아이들이 한 번의 지도로 변화하지 않습니다. 내일이 되면 또 같은 행동을 할 수도 있어요. 문제가 되는 행동을 할 때마다 일관성 있게 계속 반복해서 지도하는 것이 중요합니다. 콩나물을 기를 때 물을 한 번 준다고 콩나물이 눈에 띄게 쑥 자라지 않습니다. 스쳐 흘러가듯 보이는 물이지만 계속 물을 주고 관심을 둘 때 콩나물이 자랍니다. 아이에 대한 지도는 이와 같습니다. 백 번, 천 번 같은 말을 해야 될지라도, 온 마음과 정성을 담아 사랑하는 마음으로 이끌어 주면 변하지 않는 아이는 없습니다. 특히 유치원 시기의 아이는 더욱 그렇습니다. 유치원에서는 선생님이, 가정에서는 부모님이 같은 마음으로 아이를 지도한다면 그 효과는 더 커집니다. 선생님과 부모가 함께 소통하고 협력해서 진심으로 아이를 지도하면 아이들은 얼마든지 바르게 변화될 수 있습니다.

# 유치원에서 소변 실수를 자주 해요.

학기 초에 부모님들께 꼭 안내를 드리는 것이 여벌옷입니다. 여벌옷이 필요한 유아는 꼭 보내 달라고 합니다. 그러면 평균적으로 5세는 대부분, 6세는 한 학급의 1/2~1/3 정도, 7세는 소수의 유아들이 여벌옷을 준비해 옵니다. 소변 실수가 신체적인 부분에 원인이 있다면 진료를 받아야 하겠지요. 하지만 대부분 발달과정에서 자연스럽게 있을 수 있는 실수입니다. 소변 실수는 주로 평소 생활에서 실수가 잦은 아이가 하는 경우가 많아요.

첫째, 가장 대표적인 경우가 **소변을 참는 경우**입니다. 어린 유아들이 놀이하는데 집중해서 소변을 참다가 실수를 하는 경우입니다. 소변이 급한 걸 인지하고 화장실로 급히 가지만 변기까지 가지 못한 채 소변이 나오는 경우가 가장 흔한 경우에요. 유치원에서는 일과 중 언제든 자유롭게 화장실에 갈 수 있어요. 그리고 혹시 화장실에 가는 걸 잊은 유아들이 있을 수도 있기 때문에 화장실 가는 시간이 정해져 있습니다. 선생님이 '화장실 다녀오세요'라고 말할 때 당장 쉬가 급하지 않더라도 꼭 다녀오라고 이야기해 주세요.

둘째, **선생님께 화장실 가고 싶다고 말하는 것이 부끄러운 경우**가 있어요. 그래서 화장실에 가고 싶은데 참고 있다가 실수를 하게 되고 심지어 실수를 해도 말을 하지 않고 있는 경우도 있어요. 화장실 가는 것은 부끄러운 것이 아니라고 말해주고, 부끄러운 감정은 숨길 필요가 없다는 점도 알려 주세요. 그리고 선생님과 상의해서 부끄러움이 줄어들 때까지 화장실 가고 싶을 때 할 수 있는 수신호, 몸짓 등을 정하는 것도 방법이 될 수 있습니다.

셋째, **실수하지 않던 아이도 낯선 환경에서 긴장하면 실수할 수 있어요.** 너무 민감하게 반응하지 않으면서 아이의 마음을 편하게 해 주세요. 그리고 여벌옷을 여러 벌 유치원에 보내주세요. 이런 유아의 경우는 대부분 일시적인 실수로 시간이 지나면 괜찮아집니다.

넷째, **화장실에 혼자 가는 것이 무섭거나, 물 내리는 소리가 무서운 유아들**도 있어요. 아이가 실수했을 경우에 왜 실수를 했는지 물어봐 주세요. 선생님께는 의젓해 보이고 싶은 마음에 괜찮은 척하지만 엄마에게는 솔직하게 이야기할 수 있어요. 그러면 선생님께 살짝 귀띔해 주세요. 그러면 친구와 함께 가거나 선생님의 도움을 받는 등의 대처를 할 수 있답니다.

아이가 소변 실수를 했을 때 가장 중요한 것은 수치심이나 부끄러움을 느끼지 않도록 하는 것입니다. 자연스러운 발달 과정에서 성장하는 중이니까 태연하고 담담하게 이야기를 해주세요. 아이에게 소변 실수를 다그치거나, 다시는 그러지 않기로 약속을 하는 일 등은 아이의 마음을 더 불편하게 할 수 있습니다. 유치원 시기의 소변 실수가 초등학교까지 이어지는 경우는 거의 없으니 부모님도 마음 편하게 아이를 대해주세요. 긴 인생을 살아가는 도중 어렸을 때의 이런 실수는 정말 별일이 아님을 부모님들이 꼭 기억하셨으면 좋겠습니다.

**5장**

편안한
유치원 생활을 돕는
부모의 역할

# 유치원 선생님과의
# 똑똑 소통법

아이를 유치원에 보내며 생활하다 보면 궁금한 것이 생길 때가 있습니다. 우리 아이의 유치원 생활이 궁금할 수도 있고, 오늘 우리 아이가 말한 이야기 중에서 궁금한 것이 생길 수도 있어요. 선생님이 보내준 안내장과 관련하여 문의가 있을 수도 있고요. 그럴 때면 선생님께 '여쭤볼까? 말까?' 고민이 되기도 합니다. 궁금한 것이 있을 때는 바로 물어보는 것이 좋습니다. 부모와 교사가 서로 믿으면서 소통하는 것은 우리 아이가 즐겁게 유치원 생활을 하며 바르게 커가는 데 도움이 됩니다. 선생님은 우리 아이가 바르게 잘 자라도록 이끌어주기 위해 노력하는 분이자 부모님 다음으로 우리 아이에 대해 잘 알고 있는 사람이랍니다.

## 선생님과의 전화 통화

유치원마다 선생님의 전화번호를 공개하는 경우도 있고 그렇지 않은 경우도 있습니다. 채널이나 온라인 플랫폼으로 소통하는 곳도 있고, 오로지 유치원 전화로만 연락해야 하는 경우도 있습니다. 어느 경우든 각 유치원의 권장하는 소통 방법으로 연락을 하면 됩니다. **다만, 연락할 때에는 선생님의 수업이 끝난 후인 오후 시간부터 퇴근 전 시간을 활용하는 것이 좋습니다.** 수업 중에 오는 전화나 문자는 받지 못할 경우가 있기 때문입니다. 수업 후에도 회의나 업무 등으로 전화를 받지 못하는 경우도 가끔 있는데, 그런 경우 문자를 남겨 주시면 선생님이 전화를 드릴 것입니다. 혹시 아주 급한 사안인데 선생님의 개인 문자, 통화가 되지 않을 때는 유치원 전화를 이용하세요. 유치원의 대표 전화로 전화하면 통화가 가능하거나 메시지를 남길 수 있습니다.

## 상담이 필요할 때

보통 한 학기당 1회의 정기 상담이 이루어집니다. 하지만 정기 상담 기간이 아닌 경우에도 유치원 생활에 대하여 궁금한 점이 있는 경우 선생님께 상담을 요청하면 됩니다. 이런 경우 상담할 내용을 미리 선생님께 말씀드리는 것이 좋습니다. 선생님이 그 부분에 대하여 더 관찰하고 생각한 후 이루어지는 상담은 내용을 모르고 했을 때 보다 부모님들께 도움이 될 수 있기 때문입니다.

간혹 아이와 대화하다가 늦은 밤에 알게 된 사실에 대해서 급하게 밤늦게 선생님께 전화나 문자를 하는 경우가 있습니다. 대개 친구와의 관계에서 다툼이 있었거나 유아가 서운한 일이 있었을 경우 빨리 물어보고 싶은 마음에 연락하는 경우입니다. 이런 경우는 다음 날 아침 수업 시간 전에 연락하는 것을 추천합니다. 다음날 유치원에 와서 관련된 아이들과 함께 어떻게 된 일인지 이야기를 나누어 본 후에야 문제를 해결할 수 있기 때문입니다. 위급한 상황이 아니라면 선생님이 정확히 상황을 판단한 후, 부모님과 상담하는 것이 원활한 의사소통이 될 수 있습니다.

## 문자 메시지로 소통하기

지각, 결석 등 다소 간단한 내용을 알릴 때 문자 메시지를 적극적으로 활용하세요. 선생님들은 실시간으로 전화를 받기 힘든 경우들이 많습니다. 오전에는 아이들을 돌보고 수업을 진행해야 하기 때문이고, 오후에는 유아들이 귀가했지만 선생님의 일과는 끝난 것이 아닙니다. 서류 업무, 행정업무, 수업 준비, 회의, 연수 등을 하다 보면 실시간으로 전화에 응답할 수 없는 경우가 많답니다. 그래서 간단한 질문이나 지각, 결석과 같은 내용은 문자를 활용해서 소통하면 원활하게 소통할 수 있습니다. 선생님과 통화 약속을 잡을 때도 문자를 활용할 수 있어요. 하지만 먹어야 할 약을 보냈다거나 귀가 시간이 갑자기 변경되는 등의 선생님이 꼭 알아야 하는 내용은 문자로 보내면 확인이 늦을 수도 있으니 전화를 이용하는 편이 좋습니다.

## 등·하원 시간 활용하기

　차량을 이용하지 않고 도보로 유치원에 다니는 유아는 등원할 때 선생님께 약을 건네기, 서류 제출 등 간단한 소통을 할 수 있어요. 하지만 한 명의 부모님과 개별 상담을 나누기는 힘들어요. 등원 시간은 모든 아이들을 맞이하는 분주한 시간이기 때문이지요. 상담을 원할 경우에는 따로 상담 요청을 하는 것이 좋습니다. 혹시 준비물 관련 사항, 행사 관련 궁금증 등 간단하게 질문할 것이 있다면 하원 시간을 활용해 볼 수는 있습니다. 다만, 내 아이가 하원할 때 선생님께 질문하면 내 아이 뒤쪽에 줄 서 있는 유아들이 모두 기다려야 하는 상황이 생깁니다. 그래서 모든 아이가 선생님과 인사하고 하원할 때까지 기다렸다가 선생님께 궁금한 것을 질문하는 것이 좋습니다.

# 집으로 가져간
# 아이 작품 처리법

  유치원에서 가정으로 가지고 가는 작품들을 어떻게 보관, 처리하시나요? 학기말 혹은 학년말에 가정으로 가지고 오는 작품집은 파일로 정리가 되어 있어서 보관하기가 어렵지 않습니다. 그런데 아이들 작품은 그런 것만 있는 게 아니지요.

  유치원에서 선생님과 함께 만든 입체적 미술 작품이나 자유 놀이 시간에 유아 혼자 만든 자유 작품도 가정으로 가지고 갑니다. 아이들에게는 모두 소중하고 애착이 가는 작품입니다. 자세히 보면 하나하나 의미가 가득하지요. 이런 작품들은 아이만의 생각이 담긴 기특한 결과물이기는 하지만 어떨 땐 부담스럽습니다.

# 내 아이의 소중한 작품을 대하는 방법

유치원에서 선생님과 함께 만든 미술 작품이던 자유 놀이 시간에 아이가 혼자 만든 작품이던 유아들에게는 모두 너무나 소중합니다. 어느 가정이나 한 번쯤은 아이가 만들어온 작품이 망가져서 대성통곡을 하는 우리 아이를 본 적이 있을 것입니다. 어린이들은 자신이 만든 작품에 대해 어른들의 생각보다 훨씬 많은 의미를 지니고 있어요. 색종이와 스카치테이프 범벅의 형태를 알 수 없는 것이라고 할지라도 아이에게는 소중할 수 있답니다.

아이의 작품을 존중해 주고 관심 가져 주세요. 무엇을 표현한 것인지, 어떻게 만든 것인지 물어봐 주세요. 그리고 내 아이의 창의적인 표현을 칭찬해 주세요.

> "이 노란색 끈은 여기에 왜 있는 거야?"
>
> "하늘에서 노란색 비가 내리는 것을 끈으로 표현한 거구나. 와~ 정말 재미있는 생각을 했구나."

아이가 작품에 대해 설명할 때 귀 기울여 들어주세요. 잠시면 됩니다. 5분도 걸리지 않아요. 우리 아이의 작품에 대해 엄마와 함께 관심을 집중하고 소통하는 시간이 우리 아이의 자존감과 행복감을 높여준답니다.

## 가정에서의 작품 보관 및 처리

　자, 아이의 작품에 충분히 공감을 해줬다면 이제 작품을 어떻게 하면 될까요? 작품의 보관 및 처리는 부모님들의 스타일에 따라 다릅니다. 아이 작품을 사진으로 보관할 수 있어요. 찍은 사진을 컴퓨터에 저장해 두기도 하고, 사진을 엮어서 책으로 만들어줄 수도 있습니다. 또, 우리 집 벽면을 활용하여 작품들을 전시하며 보관할 수 있어요. 아이들은 신경 쓰지 않는 듯 보이지만 집에 걸려 있는 자신의 작품에 애착을 느끼고 성취감도 느낄 수 있답니다.

　그런데 시간이 흐르면 작품을 처리해야 하는 시점이 옵니다. 작품을 처리할 때에는 유아들이 그 작품에 대해 흥미가 낮아졌을 때, 작품이 보이지 않아도 유아들이 찾지 않을 때 처리를 하는 것이 이상적입니다.

　가끔 유아들이 저에게 와서 '선생님 엄마가 어제 제가 만든 거 다 버렸어요'라고 말하는 경우가 있습니다. 슬프고 자신 없는 목소리로요. 자신이 그것을 만들 때 얼마나 열심히 노력했고 즐거워했는지 알아주는 선생님과 본인이 느낀 아쉬움을 공유하고 싶어 하는 듯합니다. 유아들의 흥미는 그리 오래가지 않는답니다. 집이 조금 어수선해져도 부모님이 며칠만 참아 주세요. 아름다운 우리 아이의 유치원 시기는 영원하지 않답니다.

03

# 가정에서 지켜주면 좋은 에티켓

유치원에 아이가 다니기 시작한 후, 대부분의 부모님들이 우리 아이가 유치원에 잘 적응하기를 바라고, 또 새로운 선생님과 긍정적인 관계를 형성해나가기 위해서 노력합니다. 다음 내용들은 다소 사소한 내용이기도 하지만 유치원 생활에서 자주 일어나는 일들입니다. 부모님들이 알아두면 도움이 될 내용들을 정리해 놓았습니다.

## 결석 · 지각일 때는 어떻게 해야 하나요?

유치원에 다니다 보면 결석을 하게 되는 경우가 있습니다. 아이가 감기로 피곤하거나 아파서 못 올 수도 있고, 가족여행을 갈 때도 있습니다. 결석하게 될 때는 선생님께 미리 알려주세요. 학기 초, 선생님이 결석 시 어떤 방법으로 연락을 해달라고 안내를 합니다. 유치원에 따라 문자 혹은 전화로 아이의 결석을 이야기하면 됩니다. 공립유치원의 경우 교외체험학습 신청서를 제출해야 하는 경우도 있습니다. 결석하려는 날짜 3일 전에 신청서를 제출하고 등원할 때 보고서를 제출하면 됩니다.

가끔은 늦을 때도 있을 거예요. 병원에 들렀다가 등원을 한다거나 혹은 5~6세 유아의 경우는 전날의 스케줄에 따라 아침에 늦잠을 자는 경우도 있습니다. 매일 늦는다면 고쳐야 할 습관이겠지만 특별한 스케줄에 의하여 늦어지는 상황이 발생한다면 미리 선생님께 연락드리면 됩니다.


## 감기약을 유치원에 보내는 방법

약을 유치원에 보내야 할 때가 있어요. 약을 보낼 때는 투약의뢰서를 이용합니다. 투약의뢰서는 유치원별로 양식은 조금씩 다르지만 내용은 거의 같습니다. 내 아이가 다니는 유치원의 투약의뢰서를 사용하면 됩니다. 약은 작은 용기에 넣어서 1회분으로 보내주세요. 작은 지퍼백이나 비닐에 투약의뢰서와 1회분 약, 약통(물약)을 함께 넣어서 보내면 됩니다. 작은 약통에도 네임펜으로 아이 이름을 적어주면 더욱 좋습니다. 간혹 아이에게는 말하지 않고 약을 가방에 넣어서 보내는 경우가 있습니다. 유치원에서는 선생님이 아침마다 유아들의 가방을 하나하나 열어보지 않습니다. 따라서 아이도 선생님도 가방에 약이 들어있는지 알 수가 없습니다. 그래서 가방에 약을 넣어 보낼 경우에는 아이에게 반드시 말해줘야 합니다. 유치원에 가서 선생님께 약을 꼭 전해주라고 말이에요. 아이가 어릴 경우는 선생님께 따로 연락하는 편이 좋습니다. 또 한 가지 주의할 점은 냉장용 약을 보낼 때엔 투약 의뢰서에 냉장 보관이라고 적었어도 한 번 더 선생님께 구두나 문자로 전달하는 편이 안전합니다.

## 내 아이를 지각생으로 만들지 말아 주세요.

유치원 어린이들의 경우 등원 시간을 지키는 것은 사실 부모님들의 몫입니다. 아이 스스로 준비하고 혼자 유치원에 올 수는 없기 때문입니다. 아침에 아이를 깨워서 유치원 갈 준비를 하고 나오는 일이 쉬운 과정은 아닙니다. 어떤 날은 신발을 신다가 또는 화장실에 가느라 조금 늦을 때도 있고, 어떤 날은 옷이 마음에 안 든다고 투정 부리는 아이를 달래느라 평소보다 늦을 수도 있습니다. 어린아이들의 경우 여러 가지 상황들이 생길 수 있는 부분을 알고 있기에 어쩌다가 조금 늦는다고 아이를 다그치는 경우는 없을 거예요.

하지만 부모님들께 당부하고 싶은 말은 우리 아이를 매일 지각하는 지각생으로 만들지 말아 주세요. 일과가 시작되면 보통 처음 모여 앉은 시간이 유아들이 가장 집중하는 시간으로 핵심이 되는 이야기들이 오가는 경우가 많습니다. 어제부터 이어온 놀이에 관한 이야기일 수도 있고요, 오늘 하루 동안 어떤 활동들이 진행될지에 대한 이야기일 수도 있어요. 새로운 놀잇감을 소개하는 시간일 수도 있고, 프로젝트를 진행하고 있다면 주제와 관련된 이야기 나누기 시간일 거예요. 그런데 그런 이야기를 나누는 중에 늦은 친구가 쭈뼛쭈뼛 교실로 들어옵니다. 이야기의 흐름도 깨지고 한두 명의 친구들은 '○○아 왜 이렇게 늦게 왔어?'라고 물어보기도 합니다. 지각한 경우 당당하게 들어오는 유아를 본 적이 없습니다. 교실에서 친구들이 무엇을 하고 있었는지, 선생님이 무슨 이야기 중이었는지 눈치를 보며 교실에 들어오는 것이 보통입니다.

함께 나눈 이야기는 보통 다음 놀이나 활동과 연계되는데 중간에 들어온 유아는 그 내용을 잘 알 수가 없는 것도 당연합니다. 어떤 날은 지각했는데 마침 자유 놀이부터 일과가 시작한 경우도 있습니다. 그런 경우 교실에 들어올 때는 앞선 상황보다 자연스럽게 합류가 됩니다. 하지만 곧 정리할 시간이 되니 나만 조금밖에 못 놀았다는 불만이 마음속에 생기지요.

아침에 일찍 일어나서 정해진 시간까지 오는 일이 아이도 부모님도 쉽지 않지만 우리 아이에게 등원 시간을 지키는 습관을 길러 주세요. 우리 아이를 '수업 중 분위기를 흐리는 아이', '선생님 저는 설명을 못 들었는데 어떻게 해요?'라고 묻는 아이, 친구들이 '○○이는 매일 늦게 오는 아이'로 인식되지 않도록 해주세요. 아침에 등원해서 선생님과 친구들과 활짝 웃으며 당당하게 인사하고 편안한 마음으로 하루를 시작할 수 있도록 해주세요. 그러기 위해서는 등원 시간을 지키는 것이 중요합니다.

## 하원 할 때 시간을 꼭 지켜주세요.

유치원 버스를 이용해서 하원하는 경우도 있고, 부모님이 개별적으로 유치원 앞으로 와서 하원하는 경우도 있습니다. 하원하는 버스로 마중을 나갈 때는 유치원 버스가 도착하는 시간에 맞추어 기다렸다가 차에서 내리는 아이를 받아야 합니다. 내가 아이를 늦게 데리러 나가면 차에 타고 있는 다른 아이가 집에 늦게 가게 됩니다. 보통 부모님들이 차 시간에 맞추어 아이를 맞이해 주십니다.

도보를 이용하는 하원의 경우에는 간혹 아이를 데리러 가는 시간이 늦는 경우가 생깁니다. 유치원에서 즐겁게 놀고 이제 집에 가려고 신발을 신고 나오는데 다른 친구의 엄마들만 보이고 우리 엄마는 보이지 않을 때, 아이들의 눈동자가 흔들리고 표정이 갑자기 어두워지는 것을 봅니다. 아이가 불안함을 느끼지요.

아이들은 일관성과 반복되는 패턴에서 안정감을 느낍니다. 유치원에 들어올 때엔 엄마(아빠)와 헤어지고, 유치원에서 나와서 집으로 돌아갈 때엔 엄마(아빠)와 만나야 하지요. 그런데 엄마가 없어서 유아가 엄마를 기다리는 상황이 한두 번 생기면 하원 시간마다 '우리 엄마가 왔으려나? 없으면 어쩌지?' 하는 불안한 마음이 들게 된답니다.

특히 5~6살의 경우가 더욱 그래요. 유치원이 아무리 재미있어도 집에 갈 때는 엄마를 기대하게 됩니다. 즐거웠던 유치원에서 편안한 집으로 돌아가는 시간이 하원 시간입니다. 엄마가 반갑게 웃으며 반겨줄 때, 오늘 하루 애쓰고 힘들었던 마음은 사라지고 엄마의 미소에 다시 아이의 마음은 재충전 된답니다.

등원할 때 유아가 즐겁게 등원하고, 하원할 때 엄마가 반갑게 맞이해주는 것이 엄마와 아이의 약속이지요. 그리고 하원 시간은 단체 생활에서의 기본적인 약속이기도 합니다. 하원 시간에 정확히 약속을 지키는 모습을 보여주는 것이 아이의 안정적인 유치원 생활에 도움을 줍니다.


## 제출할 서류를 유아 가방에 넣어서 보낼 때

제출할 서류, 준비물, 약 등을 가정에서 유치원으로 선생님께 전달해야 하는 경우들이 있습니다. 그럴 때 아이에게는 말하지 않고 가방 안에 전달할 물건을 넣었다고 선생님께만 말하는 경우가 있습니다. 이제는 유치원생인 우리 아이와 준비물을 함께 챙기는 것도 좋습니다.

여벌옷으로 예를 들면 "○○아, 유치원에서 사용할 여벌옷을 가방 뒷주머니에 넣어두었으니 유치원에 가자마자 선생님께 드려."라고 말해주세요. 만약, 집에 돌아왔을 때 여벌옷이 그대로 가방에 들어 있다면 아이가 깜박하고 전달하지 않은 경우일 것입니다. 그러면 다음 날에 다시 한번 더 이야기하면서 아이에게 자기 일을 스스로 할 수 있도록 도와주세요.

아직 어리게만 보이지만 유치원 시기는 이제 스스로 할 수 있는 일들이 많아지는 시기입니다. 혹시 약이나 중요한 서류 등을 전달해야 할 때는 아이에게도 말을 하고, 선생님께도 문자, 전화 등으로 연락해서 확실하게 전달을 해야겠지요. 아이들이 자기 일에 책임감을 가지고 스스로 해결할 수 있는 습관을 기를 수 있도록 도와주세요.

# 04

# 건강검진으로
# 건강한 우리 아이 만들기

## 영유아 건강검진

　유아기의 부모들이라면 '영유아 건강 검진'을 모두 알고 있습니다. 영유아 건강검진은 국민건강보험공단에서 운영하는 사업으로 모든 영유아가 검진 시기별로 총 8차례에 걸쳐 지정병원을 통해 무료 검진을 받을 수 있습니다. 영유아 건강검진의 목적은 아이의 성장 및 발달 정도를 정기적인 검사를 통해 조기에 발견하여 치료하는 것입니다. 2021년부터 생후 14일부터 71개월 사이에 총 8차로 진행되고 있습니다. 다음의 표를 참고해 주세요.

| | | |
|---|---|---|
| 1차 | 건강검진 | 생후 14~35일 |
| 2차 | 건강검진 | 생후 4~6개월 |
| 3차 | 건강검진 | 생후 9~12개월 |
| 4차 | 건강검진 | 생후 18~24개월 |
| | 구강검진 | 생후 18~29개월 |
| 5차 | 건강검진 | 생후 30~36개월 |
| 6차 | 건강검진 | 생후 42~48개월 |
| | 구강검진 | 생후 42~53개월 |
| 7차 | 건강검진 | 생후 54~60개월 |
| | 구강검진 | 생후 54~65개월 |
| 8차 | 건강검진 | 생후 66~71개월 |

아이의 월령에 따라 검진 시기가 다르므로 부모님들께서 자녀의 영유아 건강검진 시기를 확인하여 검진을 받을 수 있도록 합니다. 마지막 검진 차수인 8차가 66개월~71개월이기 때문에 7세 유아들은 71개월을 경과하지 않도록 부모님들이 확인해야 합니다. 유치원에 따라서 영유아 건강검진 결과서를 제출해야 하는 경우도 있고, 유치원에서 자체적으로 유아학비 시스템 전산으로 확인하는 경우도 있습니다.

## 구강 검진

유아들의 건강을 위해서 정기적인 구강 검진도 놓치지 마세요. 그리고 구강 검진 시기에 정기적으로 불소도포를 해주면 우리 아이 충치 예방에 좋습니다. 불소도포란 치아 표면에 고농도의 불소를 발라 치아를 보호해 충치를 예방해 주는 것이에요. 불소도포 방법에는 붓으로 바르는 바니시 타입과 입에 물고 있다가 뱉는 트레이 타입 등이 있으며 가정에서도 관리할 수 있는 제품들이 있어요. 치과에서 진행되는 불소도포는 3~6개월에 한 번씩 하도록 권장됩니다. 불소도포를 한다고 충치가 전혀 생기지 않는 것은 아니지만 올바른 양치 습관을 가지고 불소도포까지 병행한다면 충치 예방에 도움이 됩니다. 아이들마다 치아 상태가 다르니 구강 검진 시 내 아이의 치아 상태를 고려하고 의사 선생님과 상의하여 진행할 수 있습니다.

## 시력 검진

아직 한 번도 시력 검사를 받은 적이 없다면 시력 검진을 받아보는 것을 추천합니다. 유아기에는 시력이 나빠지는 것을 알아채지 못하는 경우가 많아요. 우연히 우리 아이의 시력이 좋지 않은 것을 알게 되어 갑자기 안경을 착용하는 경우가 있습니다. 근시 외에도 난시, 사시, 약시 등 드러나지 않는 문제가 있을 수 있어요. 그리고 조기에 발견했을 때

교정이 쉬운 경우가 있습니다. 정기적인 검진을 통해서 우리 아이의 시력을 확인해 주세요.

## 영유아 건강검진 시기 확인

우리 아이의 영유아 건강검진 시기 확인과 결과를 출력하려면 국민건강보험 사이트를 이용하면 됩니다. 국민건강보험 사이트에서 인증서로 로그인이 가능합니다. 로그인한 이후에 '가족 건강관리' 메뉴를 클릭하면 자녀의 영유아 건강검진 시기 및 결과를 확인할 수 있습니다.

국민건강보험 사이트(https://www.nhis.or.kr/)

# 우리 아이
# 제대로 칭찬하는 방법

칭찬은 고래도 춤추게 한다는 말이 있지요. 칭찬은 아이를 긍정적인 방향으로 변화시키는 마법과도 같은 도구입니다. 칭찬을 잘하는 것은 하나의 기술과도 같아요. 잘 익혀서 사용한다면 육아가 한결 수월하게 느껴질 거예요. 어떻게 칭찬하는 것이 제대로, 잘 칭찬하는 것일까요?

## 구체적으로 칭찬

그냥 '잘했어. 대단해'와 같은 포괄적인 말보다 '○○이가 놀잇감 정리를 한 거야? 어제 엄마와 한 약속을 잘 기억하고 지켜줬구나. 잘했어'와 같이 아이의 행동을 구체적으로 이야기해주세요.

## 결과보다는 과정을 칭찬

'줄넘기 100개를 한 번에 했구나. 역시 정말 잘했어. 최고야'와 같이 결과를 칭찬한다면 아이는 다음번에 100개를 한 번에 하지 못할까 봐 걱정이 됩니다. 다시 도전하는 것이 부담스럽게 느껴질 거예요.

> "우리 ○○이가 매일 줄넘기 연습을 하더니 점점 늘고 있네. 줄에 걸리지 않고 넘기 어려운데 열심히 노력하는 모습이 정말 대단하구나."

와 같이 칭찬해 주세요. 계속 줄넘기를 열심히 하고 싶은 마음이 생길 거예요.

## 즉시 칭찬

좋은 행동을 봤을 때엔 그 순간 바로 칭찬해 주세요. 아이가 스스로에 대한 뿌듯함이 있는 상태에서 칭찬까지 받으면 칭찬받은 바람직한 행동을 더 많이 하게 될 거예요. 칭찬은 긍정적인 효과를 불러온답니다.

## 아이가 스스로 조절할 수 있는 것을 칭찬

'정말 똑똑해', '이쁘구나', '○○이는 역시 힘이 세' 등과 같이 외모나 재능에 관련된 칭찬은 하지 않는 것이 좋습니다. 아이가 스스로 선택하고 조절할 수 있는 일을 칭찬해 주세요. 약속을 지키거나, 힘들지만 참고 노력하는 것과 같은 일 말입니다.

## 진심을 담아 부드러운 어투로 칭찬

아이들은 상대방의 마음을 정말 잘 알아챕니다. 엄마나 선생님이 그냥 하는 말인지 정말 그렇게 생각하는지 직관적으로 알아챕니다. 칭찬할 때에는 진심 어린 기쁨과 사랑이 듬뿍 담긴 부드러운 어투로 말할 때 그 효과가 커집니다.

## 무조건적인 칭찬은 오히려 독

'훌륭해!', '잘했어!'와 같이 감탄사만 나열하는 칭찬은 무엇을 잘했는지 알지 못한 채 그냥 스스로 잘났다는 생각을 가지게 합니다. 구체적인 칭찬을 해주어야 그 행동이 많아지며 아이에게 긍정적인 영향을 줄 수 있어요. 무엇을 잘했는지 모르는 칭찬은 우쭐함만 생기게 합니다.

## 칭찬의 빈도수를 높여주세요.

아이가 잘못했을 때는 잘못을 할 때마다 즉시 지적하는 경우가 많습니다. 무엇을 잘했을 때는 당연하게 생각하고 칭찬을 하지 않는 경우가 많아요. 잘못을 지적하는 것처럼 사소한 일이라도 칭찬할 만한 일을 했다면 기쁜 마음을 담아 칭찬해 주세요. 제대로만 칭찬한다면 조금은 과장되고 밝은 목소리로 자주 칭찬해 주어도 좋습니다. 엄마가 보내는 긍정의 칭찬 에너지가 아이를 바르게 자라도록 도와줍니다.

# 긍정적인 부모가
# 긍정적인 아이를 만듭니다.

아이에게 하는 말 중에 '응, 그래'와 같이 긍정적인 대답을 하는 경우가 많은지, '안돼, 아니야'와 같이 부정하고 제지하는 대답이 많은지 한 번 체크해 보세요. 나는 제법 괜찮은 부모라고 생각했었는데 아이에게 부정적인 말을 생각보다 많이 사용하고 있을지도 모릅니다.

긍정적인 엄마가 긍정적인 아이를 만들어요. 긍정은 아이를 행복하게 하는 힘이에요. 살면서 부딪히는 많은 일을 긍정적으로 생각하고 이겨 나가야 행복감을 느낄 수 있어요. 성공한 위인들의 성공 비결에는 그들의 뛰어난 능력만큼이나 중요한 요인으로 엄마의 긍정적인 믿음이 있었다는 점을 한 번쯤 생각해 볼 필요가 있겠습니다.

# 긍정적인 부모 되기 훈련

**부정적인 언어를 긍정적인 언어로 바꾸어 사용해요.**

아이에게 지시적이고 명령조로 이야기할 때에는 아이의 행동을 즉각적으로 변화시키고 싶을 때입니다. 하지만 아이 행동을 변화시키는 힘은 명령과 지시가 아니고 엄마의 부드러운 부탁과 긍정적 표현입니다.

"동생 장난감 뺏지 말라고 했지?"

⇨ "동생이 장난감 갖고 먼저 놀고 있네. 5분 정도 후면 놀이가 끝날 것 같은데 그때까지만 조금 기다려줄 수 있겠니?"

"장난감을 또 정리 안 했구나!"

⇨ "다 놀고 나서는 여기에 정리하는 거야. 엄마랑 같이해볼까?"

아이가 무리한 요구를 할 때 엄마가 먼저 판단하지 않고 아이에게 생각할 기회를 주세요.

"안돼. 겨울에 바다에서 어떻게 수영을 하니?"

라고 먼저 말하기 전에

"○○이가 바다에 들어가고 싶구나. 지금 바다에 들어가면 어떨 것 같아?"

아이랑 대화하며 아이가 스스로

"엄마, 지금은 추워서 안 되겠어요."

라고 깨닫고 대답할 수 있도록 해주세요.

아이를 있는 그대로 수용하고 인정하고 존중해 주세요.

"○○이는 그렇게 생각했구나."

"괜찮아. 그럴 수 있지."

"실수할 수 있지. 엄마도 실수 많이 해. 다시 해보자."

온몸으로 아이에게 칭찬과 격려를 해주세요.

아이는 엄마의 말, 어조, 표정, 눈빛, 숨소리도 읽어냅니다. 말로 하는 칭찬뿐 아니라 표정, 눈빛도 늘 아이를 지지해 주고 격려해 주세요. 엄마가 늘 네 편이라는 믿음도 주시고요.

"엄마는 ○○이가 엄마 딸(아들)이어서 참 좋아."

"엄마는 세상에서 ○○이가 제일 좋아. 엄마가 가끔 화낼 때도 있지만 ○○이를 사랑하는 마음은 늘 변하지 않는단다."

## 반드시 구분해야 할 긍정적인 엄마 vs 허용적인 엄마

긍정적인 엄마는 아이와 대화할 때 아이와 감정 줄다리기를 하지 않고 아이도 엄마도 평화롭습니다. 엄마는 아이가 무엇을 요구하든 긍정적인 언어로 이야기합니다. 마치 아이가 원하는 것을 모두 들어주는 허용적인 엄마와 비슷해 보이지요. 하지만 긍정적인 엄마는 아이와 대화하는 방법이 긍정적일 뿐 아이가 원하는 것을 모두 예스로 대답하는 허용적인 엄마와는 다릅니다.

허용적인 엄마는 아이가 원하는 것을 조건 없이 해주는 것이 아이의 기를 살리고 아이를 긍정적으로 키우는 것이라고 착각할 수 있어요. 아이가 어떤 것이 조금 불편하다고 하면 불편한 점을 제거해 주고, 어떤 것이 좋다고 하면 그것을 더 제공해 줍니다. 하지만 이렇게 자란 아이는 불편함을 견디는 힘, 원하는 것을 갖고 싶을 때 기다리는 참을성 등을 기를 수 있는 기회가 없어요. 유치원에서도 선생님이나 친구들에게 자신의 감정을 조절하지 못하고 자신이 원하는 대로만 요구하는 아이가 될 수 있습니다.

# 부모 참관수업 vs 부모 참여수업

유치원에 다니기 시작하면 부모 참관 수업, 부모 참여 수업, 유치원 개방의 날, 수업 공개 등 다양한 이름으로 유치원 내부에서 아이들이 수업하는 모습을 볼 수 있는 기회가 주어집니다. 아이들도 자신들이 생활하는 교실에 부모님들이 온다는 생각에 한껏 기대하지요.

수업 공개는 다양한 이름으로 표현되지만 크게 **참관 수업**과 **참여 수업**으로 나뉠 수 있습니다. 각 수업의 차이점과 유의해야 할 사항 등을 알아보도록 하겠습니다.

## 부모 참관 수업

부모 참관 수업은 **선생님과 아이들이 수업하는 모습을 부모님들이 참관하는 방식**으로 주로 교실 뒤쪽에서 수업을 보게 됩니다. 선생님과 아이들이 어떻게 이야기를 진행해 가는지, 우리 아이의 수업 태도는 어떤지, 어떻게 발표를 하는지, 얼마나 적극적으로 수업에 참여하는지 등을 볼 수 있는 기회입니다. 가정에서와는 다른 교실 속 내 아이의 모습을 볼 수도 있고, 상상만 했던 유치원 생활에 대한 궁금증도 해소됩니다.

수업을 참관할 때 유의해야 할 점이 있습니다. 교실은 선생님과 유아가 매일 사용하는 익숙한 공간입니다. 참관 수업 날은 그 일상의 공간에 손님이 오는 날이에요. 그것도 아이들에게 가장 영향력을 주는 사람인 부모님들이 온답니다. 가정에서도 손님이 오면 아이들이 평소와 다른 태도를 보일 때가 있지요. 평소에 안 하던 정리를 한다든지, 갑자기 엄마에게 생떼를 부린다든지 등이요. 또는 너무 흥분한다든지요.

유치원에서도 마찬가지입니다. 쑥스러움이 많은 아이는 뒤에 보이는 많은 부모님들 앞에서 평소보다도 훨씬 작은 목소리로 발표하게 됩니다. 평소에는 수업에 집중을 잘 안 하던 아이가 번쩍 손을 들고 또박또박 대답을 하기도 합니다.

문제는 부모님들은 참관 수업을 통해서 본 우리 아이의 모습을 유치원에서의 평소 모습이라고 단정 지어 생각하는 것입니다. 부모 참관 수업 날에 본 우리 아이의 모습이 평소의 모습과 다를 수 있어요. 손을 번쩍 들지 않았다고, 목소리가 작았다고, 수업에 방해가 되는 행동을 했다고 아이를 다그치는 일은 없었으면 좋겠습니다. 평소의 모습이 그렇다고 해서 아이를 다그친다고, 재촉한다고 변화되는 것은 없답니다. 혹시 참관 수업 날 많이 산만했던 내 아이 때문에 걱정이 된다면 담임 선생님께 우리 아이의 평소 모습을 여쭤보는 것도 괜찮습니다.

## 참관 수업에 임하는 부모의 자세

- 우리 아이를 다른 아이와 비교하지 않는다.
- '너는 왜 손을 안 드니?', '잘했는데 목소리가 조금 작더구나'라는 말을 하지 않는다.
- 무조건 칭찬하고 격려해 준다.


## 부모 참여 수업

부모 참여 수업은 체육 대회, 민속놀이 한마당, 등산, 요리 체험 활동 등 **부모님들과 유아들이 함께 참여하여 즐기는 방식의 수업**입니다. 어떤 형식의 활동이 진행되든 아이와 부모가 함께 놀이하고 협력하는 방식으로 진행됩니다. 집이 아닌 유치원이라는 공간에서 엄마, 아빠와 함께 놀이를 한다는 점에서 아이들이 무척이나 기대하고 좋아합니다.

그런데 엄마도 아이도 의욕이 앞서다 보면 함께 놀이하다가도 의견 충돌이 생기기도 합니다. 체육 대회에서 엄마 때문에 경기에서 졌다며 투덜거리기도 하고, 요리 활동을 할 때 엄마가 한 요리 장식이 아이의 마음에 들지 않아 투정 부리기도 합니다. 엄마는 잘 달래지지 않는 내 아이가 다른 부모들에게 떼쟁이로 보일 것 같아 신경도 쓰입니다. 특별한 날에는 특별한 일이 생기는 경우가 많습니다. 그 주인공이 내 아이든 다른 아이든 그럴 수 있기 때문에 너그러운 마음으로 바라봐 주세요.

## 참여 수업에 임하는 부모의 자세

- 오늘 하루는 우리 아이를 위해 즐겁게 놀아주기로 마음먹는다.
- 평소보다 예민하게 투덜거리고 칭얼거려도 화를 꾹 참는다.
- 부모가 솔선수범해서 적극적으로 참여하는 모습을 아이에게 보여준다.

# 유치원에서는 모범생,
# 집에서는 막무가내 개구쟁이

　보통 유치원에서 약속을 잘 지키고 모범적으로 행동하는 유아들 중에서 가정에서의 모습과 유치원에서의 모습이 다른 경우가 있습니다. 첫째 아이들 보다는 둘째 아이들, 눈치가 빠르고 사회적 기술이 좋은 유아들에게서 나타나는 경우가 많습니다. 상황이나 상대에 따라 다르게 행동하는 것이니까요. 이런 유아들은 인정받고 칭찬받고 싶은 욕구가 강합니다. 그리고 본인의 주관이나 마음도 뚜렷합니다. 인정 욕구와 내 마음대로 하고 싶은 욕구가 공존한다고 볼 수 있어요.

　유치원을 다니기 시작하면 사회적 경험을 하게 돼요. 스스로 해야 하는 일, 지켜야 할 약속 등을 배우는데 아이들이 이러한 사회적 약속들을 받아들이고 사회화가 되기까지 힘들 수 있어요. 그렇지만 유치원에서는 인정, 칭찬받고 싶은 욕구가 강하기 때문에 내 마음대로 하고 싶은 욕구는 꾹 참고 교실 약속도 잘 지키고, 친구들 사이에서도 무리 없이 사이좋게 지냅니다. 유치원에서는 나무랄 데 없는 모범생이지요. 그런데 집으로 돌아가면 유치원에서의 억눌린 감정이 짜증이나 고집 등으로 표출되는 것입니다.

평소와 같은 잣대로 아이를 다그치기보다는 아이가 신나게 놀 수 있는 환경을 제공해 주는 것이 도움이 됩니다. 유치원 하원 후에 놀이터에서 마음껏 뛰어놀거나 모래 놀이를 하는 것도 방법이 될 수 있어요. 가정 내에서는 물놀이, 점토 놀이 등 개방적인 놀이를 할 수 있도록 해 주세요. 개방적인 놀이는 정해진 방법이나 규칙이 없고 실패가 없어요. 아이가 하고 싶은 대로 할 수 있어서 스트레스 해소에 도움이 됩니다.

부모가 지치는 날도 있을 수 있어요. 하지만 부모를 일부러 힘들게 하려고 짜증을 내거나 고집을 피우는 아이는 없습니다. 아이도 그만큼 힘든 거예요. 아이들은 아직 감정 조절이 서툰 시기라는 것을 잊지 말아 주세요. 유난히 엄마를 힘들게 하는 날에는 같이 화를 내기보다는 아이를 꼬옥 안아주세요. 딱 1분이면 될 수도 있어요. 그리고 무엇 때문에 마음이 많이 힘든지 물어봐 주세요. 명확한 대답을 하지 않을 수도 있지만 엄마가 자신의 마음을 알아주는 것만으로도 아이의 마음이 가라앉을 수도 있어요.

어린아이들은 감정 조절에 능숙하지 못해요. 과하게 참기도 하고 과하게 표출하기도 하지요. 아이들이 성장하는 과정에서 있을 수 있는 자연스러운 일입니다. 아이의 감정을 있는 그대로 존중해 주고, 인정해 주고, 마음을 알아주고 보듬어 주세요. 엄마의 믿음과 사랑이 최고의 약입니다.

# 유치원 용어 사전

## 01. 처음학교로

**처음학교로**는 유치원 입학지원 시스템입니다. '처음학교로' 인터넷 사이트에 회원가입을 하고 로그인해서 원하는 유치원에 입학 접수를 할수 있습니다. 매년 처음학교로 스케줄이 홍보되는데 보통 10월 말에 회원가입 가능하고 11월 초에 우선 모집이 실시됩니다. 처음학교로 사이트에서 유치원별 유아 모집 요강도 볼 수 있습니다. 유아 모집 요강을 꼼꼼히 보고 우선 모집 서류 제출 날짜, 일반 모집 접수 날짜, 등록 기간 등을 놓치는 일이 없도록 유의합니다. 추첨이 이루어지고 선발이 되었다고 끝나는 게 아닙니다. 희망하는 유치원에 등록 기간 내에 등록까지 마쳐야 처음학교로 우리 아이의 유치원 접수 및 등록이 완료됩니다.

## 02. 유치원 알리미

**유치원 알리미 'e-childschoolinfo.moe.go.kr'는 교육부에서 제공하는 유치원들의 정보를 제공하는 사이트**입니다. 기본현황부터 연령별 학급 현황과 유아 수, 교육과정, 교육 비용, 회계, 영양과 위생, 안전교육과

점검, 평가 등의 정보를 볼 수 있어요. 유치원 설명회에 참석하기 전에 대략적이고 객관적인 정보를 검색하기에 유용합니다. 다만 우리 아이가 입학할 해당 연도의 교육 비용은 유치원에 문의해서 물어보는 것이 정확할 수 있어요. 유치원 알리미에 유치원 홈페이지와 주소도 나와 있으니 홈페이지에서 추가적인 정보도 볼 수 있습니다.

## 03. 입학 설명회, 오리엔테이션

**입학 설명회**는 10월 즈음에 실시되는데 사전에 신청을 하고 정해진 날짜에 참여합니다. 단체로 실시하기도 하고 개별적으로 방문해서 실시하기도 합니다. 우리 아이를 보내고 싶은 유치원이 있다면 9월 정도에 전화를 걸어 정확한 일정을 물어보는 것이 좋습니다. 마감되면 참석을 못 하는 경우도 있거든요. 입학설명회에서는 유치원의 교육철학, 교육방법, 커리큘럼 등을 알 수 있고 유치원을 방문해서 유치원 내부를 둘러볼 수 있는 좋은 기회이기 때문에 참석하는 것을 추천합니다.

**오리엔테이션**은 입학이 확정된 부모들을 대상으로 12월 말 ~ 2월 사이에 실시합니다. 입학식 안내, 준비물, 유치원 운영과 관련된 협의, 서류 작성 등의 내용으로 진행됩니다. 유치원에 따라서는 유아를 대상으로 오리엔테이션을 운영해서 유아들에게 새로운 유치원을 소개하기도 합니다.

## 04. 2019 개정 누리과정

교육기관에는 '교육과정'이라는 것이 존재합니다. 교육과정이란 쉽게 말해서 교육기관에서 배우는 내용입니다. 교육부에서 제시하고 있는 국가 수준 유치원 교육과정의 정식 명칭은 '2019 개정 누리과정'입니다. 유치원과 어린이집에 다니는 만 3세 ~ 만 5세 유아들에게 공통으로 적용되며 2020년 3월부터 시행되었습니다. 2019 개정 누리과정은 유아 중심, 놀이 중심 교육과정으로 유아들이 놀이 경험을 통해 몰입과 즐거움 속에서 자율성과 창의성을 향상하고 전인적인 발달을 추구합니다.

## 05. 방과후과정(종일반)

방과후과정과 종일반을 혼용하여 사용하는 경우가 많습니다. 뜻은 같지만 정식 명칭은 방과후과정 입니다. 방과후과정은 기본 교육과정이 끝난 후 유치원에 남아 교육과 돌봄의 지원을 받는 형태입니다. 맞벌이 가정을 대상으로 하지만 유치원에 따라 돌봄이 필요한 가정도 신청할 수 있습니다. 운영 시간은 대체로 공립 병설유치원의 경우는 17시, 공립 단설, 사립 유치원의 경우는 18~19시까지 운영합니다.

## 06. 유아 학비 지원

유아 학비 지원은 국·공·사립 유치원에 다니는 유아를 대상으로 학부모의 부담 경감을 위해 교육부에서 교육비를 지원하는 제도입니다.

가정 보육을 하거나 어린이집, 놀이 학교, 영어학원을 다니다가 유치원으로 기관을 옮길 경우 반드시 신청해야 합니다. 학비 지원금을 받기 위해서는 복지로 사이트 'www.bokjiro.go.kr'를 이용하거나 주민센터를 방문하여 유아학비 지원금을 신청해야 합니다. **3월 유치원 입학 예정이라면 2월에 신청합니다.** 유아학비 지원금은 학기 초에 아이행복카드 인증 절차를 거친 후 유치원으로 분기별로 정산 및 지급됩니다.


## 07. 투약의뢰서, 투약보고서

아이가 감기 걸려서 유치원에 약을 보낼 때는 투약 의뢰서를 작성합니다. 유치원별로 양식이 있어서 유치원 양식에 맞추어 작성하고, 1회분의 약과 함께 등원할 때 선생님께 전달합니다. 선생님은 투약의뢰서에 따라 유아에게 약을 투약하고 투약 보고서를 작성하여 유아 편에 가정으로 보내드립니다. (코로나19 상황에서는 감기약(해열제)을 먹고 등원할 수 없습니다.)

## 08. 스쿨 뱅킹

공립유치원의 경우 모든 학부모 수익자 부담금은 스쿨뱅킹 시스템을 활용합니다. 학교가 지정하는 은행의 계좌(학부모 명의)를 통해서 수익자 부담금(예 : 방과후과정 수업료, 졸업앨범비 등)이 지출되는 시스템입니다.

## 09. e-알리미

가정통신문, 주간교육계획 등 가정으로 배부되던 종이 안내장을 모바일 앱을 이용하여 제공해 주는 시스템입니다. 많은 초등학교에서 사용하고 있어서 주로 병설유치원에서 많이 이용합니다. e-알리미를 사용하는 유치원에서는 학기 초에 e-알리미 가입 안내문이 제공됩니다. 유치원에 따라 키즈노트, 클래스팅, 카카오톡 채널 등 이용되는 플랫폼은 다양합니다.

## 10. 유치원 운영위원회, 학부모회

**유치원 운영위원회**는 유치원 운영에 대한 학부모의 공식적 참여 통로로서 유치원 운영의 민주성, 합리성, 투명성을 제고하고 유치원의 자율성과 책무성을 강화하는 제도입니다. 유치원 운영위원회는 공·사립 모두 설치되어야 합니다. 그러나 그 기능은 다릅니다. 공립유치원은 유치원 주요 사항에 대해 심의 기능을 하고, 사립 유치원의 경우는 자문하는 기구입니다. 심의(자문) 사항으로는 유치원 규칙 개정, 예산과 결산, 교육과정 운영 방법, 학부모 부담 경비, 방과후과정 운영 등이 해당됩니다.

**유치원 학부모회**는 학부모를 교육공동체 일원으로 학부모의 유치원 참여 확대를 통해 교육 발전에 기여하고자 구성한 자치 조직입니다. 학부모회는 학부모 전체를 대상으로 하며 학부모회 임원은 선출 절차에 의해 구성됩니다. 유치원 학부모회는 유치원 교육 활동에 참여 및 지원하는 역할을 합니다.

# 〈처음학교로〉 이렇게 이용하세요.

## 1. 처음학교로 소개

### ☆ 처음학교로란?

처음학교로는 학부모의 편의 제공을 위하여 유치원에 직접 방문하지 않고 온라인으로 입학 절차를 진행할 수 있는 시스템으로 전국의 모든 국·공립·사립 유치원이 의무적으로 참여하는 유치원 입학관리시스템 입니다.

### ☆ 유치원 입학 대상과 모집과정

입학 대상 : 만 3세(5세)부터 초등학교 취학 전까지의 어린이
유치원 과정 : 교육과정 - 유치원 정규 교육과정
　　　　　　　 방과후과정 - 교육과정 이후 운영되는 과정

※ 조기 입학자와 취학유예자는 유치원에서 접수받지 않는 경우도
　 있으니 지원할 유치원에서 직접 확인해야 합니다. (조기입학자 및

취학유예자는 방문 접수)

※ 방과후과정 대상 유아가 유치원마다 다를 수 있습니다. 맞벌이 가
정만 되는 곳도 있고, 신청자 모두 가능한 곳도 있습니다. 방과후
과정이 꼭 필요한 가정에서는 지원할 유치원에 방과후과정 대상,
운영 시간 등을 꼭 미리 알아보세요.

## ☆ 처음학교로 우선모집 대상

최우선순위 : 재원유아, 특수교육대상자

1순위 : 법정 저소득층

2순위 : 국가보훈대상자

3순위 : 북한이탈주민 대상자 가정

4순위 : 다자녀(3자녀 이상) 가정, 다문화 가정, 한부모 가정, 장애부
　　　　모 가정, 사회적 배려 대상자 가정 등
　　　　유치원마다 달라요. 해당 유치원 모집 요강을 꼭 확인하세
　　　　요!

※ 매해 순위가 조금씩 달라질 수 있어요. 반드시 모집 요강을 확
인하세요.

※ 특수교육(예정) 대상유아는 시도별 특수교육지원센터에서 배치
합니다(특수교육 관련 질의는 시도별 특수교육지원센터로 문의
하면 됩니다).

## ☆ 처음학교로 일반모집 대상

- 일반모집 대상은 우선모집 대상에 해당하지 않는 가정과 우선모집
  에서 탈락한 가정입니다.
- 우선모집대상자는 우선모집에서 선발되지 않은 경우 일반모집 기
  간에 한 번 더 신청을 할 수 있으니 꼭 알아두세요.

## 2. 우선모집 접수방법

### 1) 접수할 유치원 3곳의 우선모집 대상을 확인하기

- 유치원마다 우선모집 대상 자격이 달라요. 반드시 해당 유치원 모
  집요강을 확인하세요.

### 2) 제출 서류 및 제출 날짜, 제출 방법을 확인하기

- 서류 확인 : 조건별로 서류가 달라요. 주민등록 등본인지 기본증명
  서인지 가족관계증명서인지 확인하세요. 그리고 발급일도 체크하
  시는 것이 좋습니다. (기준일 3개월 이내)
- 제출 방법 확인 : 이메일, 방문, 팩스 등 제출 방법을 확인하고 이메
  일이나 팩스, 우편 등을 이용할 때엔 잘 접수되었는지 꼭 확인하세
  요. 서류 미비 시 선발되고도 등록이 안 될 수 있어요.

- 마감 시간 확인 : 유치원마다 서류 제출 날짜, 마감 시간이 달라요.
  꼭 확인하세요.

## 3) 발표후 주의사항 알아두기

- 선발 시 : 등록날짜 확인 후 등록을 해야 최종 완료가 됩니다.
- 탈락 시 : 일반모집에서 접수하고 싶은 과정(예: 기본 과정, 기본 과정+방과후과정)의 선발 인원수를 확인하고 일반 접수 기간에 접수합니다.
- 우선 모집에서는 대기 번호가 없습니다.

## 4) 일반모집 자동 접수 관련 유의사항 알아두기

- 자동접수를 신청했어도 접수결과를 반드시 확인해야 합니다. 내가 자동 접수한 일반 모집 과정의 선발 인원이 0명일 수도 있어요. 연령별 교육과정/교육과정+방과후과정의 인원을 꼭 확인하고, 접수가 제대로 되었는지 확인해야 합니다.

# 3. 일반 모집 접수 방법

## 1) 원하는 유치원 3곳을 선택하고 모집요강을 확인하기

- 입학을 희망하는 유치원 입학 설명회는 반드시 참석해주세요.
  (공립 유치원은 사전 입학설명회가 없는 경우가 많습니다. 유치원 알리미(moe.go.kr)를 활용해서 유치원에 대한 기본 정보를 확인할 수 있어요.)
- 3개의 유치원 홈페이지에서 모집요강을 찾아보고 정독해주세요. 유치원마다 재원생 인원이 있어서 연령별 모집 인원이 달라요. 모집 인원 중 우선모집 인원(유치원마다 다르지만 보통 30~40% 입니다.)을 제외하면 대략적인 일반모집 인원을 알 수 있어요.

## 2) 10월 말 사이트가 오픈되면 회원가입(학부모 및 유아 정보 입력)을 미리 하기

## 3) 처음학교로 일반 모집 일정 및 접수 방법을 확인하기

- 접수 : 선착순 접수와 선발과는 무관하기 때문에 사전접수, 본접수 기간 중 본인의 스케줄에 맞는 접수날짜를 기억해 두세요.
- 서류제출(해당자만) : 방과후과정의 경우 서류를 기한 내에 꼭 제출해야만 합니다. 제출할 서류 종류 확인, 발급날짜, 제출 방법, 제

출 기한(마감 시간)을 알아두세요(모집 요강 참조).

- 증빙서류확인 : 내가 제출한 서류가 '제출'로 되어 있는지 반드시 확인해야해요.
- 추첨 및 결과발표
- 등록 : 추첨에서 선발되었다고 끝난 것이 아닙니다. 등록해야 완료가 됩니다. 등록 날짜, 등록 마감 시간을 미리 확인해 두세요.

## 4) 유의사항을 알아두기

- 컴퓨터와 모바일 접수 시간, 마감 시간이 달라요
- 사전접수는 현장 접수가 불가합니다. 온라인 접수만 가능해요.
- 제출 서류가 미비하면 선발되어도 등록이 되지 않을 수 있어요. 서류제출 검증기간 동안 반드시 온라인상에서 '제출완료'인지 확인해야 합니다.
- 현재 다니고 있는 유치원에 재원 신청을 했을 경우 2개의 유치원에 지원 가능합니다.

# 4. 추첨방법

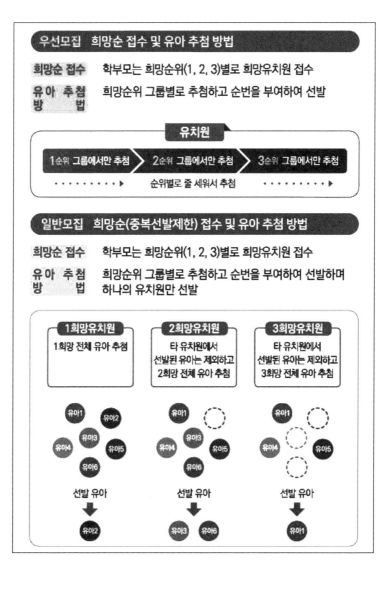

**우선모집** 희망순 접수 및 유아 추첨 방법

**희망순 접수** 학부모는 희망순위(1, 2, 3)별로 희망유치원 접수

**유아 추첨 방법** 희망순위 그룹별로 추첨하고 순번을 부여하여 선발

**유치원**

1순위 그룹에서만 추첨 ▶ 2순위 그룹에서만 추첨 ▶ 3순위 그룹에서만 추첨

순위별로 줄 세워서 추첨 ▶

**일반모집** 희망순(중복선발제한) 접수 및 유아 추첨 방법

**희망순 접수** 학부모는 희망순위(1, 2, 3)별로 희망유치원 접수

**유아 추첨 방법** 희망순위 그룹별로 추첨하고 순번을 부여하여 선발하며 하나의 유치원만 선발

**1희망유치원**
1희망 전체 유아 추첨

**2희망유치원**
타 유치원에서 선발된 유아는 제외하고 2희망 전체 유아 추첨

**3희망유치원**
타 유치원에서 선발된 유아는 제외하고 3희망 전체 유아 추첨

유아1 유아2
유아3
유아4 유아5
유아6

선발 유아
↓
유아2

유아1
유아3
유아4 유아5
유아6

선발 유아
↓
유아3 유아6

유아1
유아4 유아5

선발 유아
↓
유아1

# 유치원 알리미 활용하기

## 1. 유치원 알리미(https://e-childschoolinfo.moe.go.kr)

## 2. 유치원 알리미란?

## 3. 어떤 정보들이 제공되나요?

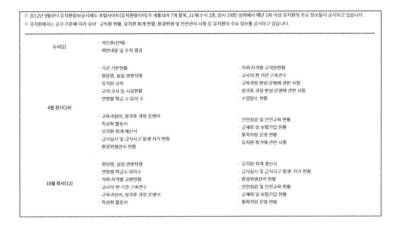

□ 2012년 9월부터 유치원정보공시제도 포털사이트(유치원알리미)가 개통되어 7개 항목, 21개(수시 2종, 정시 19종) 범위에서 매년 1회 이상 유치원의 주요 정보들이 공시되고 있습니다.
□ 유치원에서는 공시 기준에 따라 유아·교직원 현황, 유치원 회계 현황, 환경위생 및 안전관리 사항 등 유치원의 주요 정보를 공시하고 있습니다.

| 수시(2) | · 식단표(선택) · 위반내용 및 조치 결과 | |
|---|---|---|
| 4월 정시(19) | · 기관 기본현황 · 원장명, 설립·경영자명 · 유치원 규칙 · 교지·교사 등 시설현황 · 연령별 학급 수·유아 수 · 교육과정비, 방과후 과정 운영비 · 특성화 활동비 · 유치원 회계 예산서 · 급식실시 및 급식사고 발생·처리 현황 · 환경위생관리 현황 | · 직위·자격별 교직원현황 · 교사의 현 기관 근속연수 · 교육과정 편성·운영에 관한 사항 · 방과후 과정 편성·운영에 관한 사항 · 수업일수 현황 · 안전점검 및 안전교육 현황 · 공제회 및 보험가입 현황 · 통학차량 운영 현황 · 유치원 평가에 관한 사항 |
| 10월 정시(12) | · 원장명, 설립·경영자명 · 연령별 학급수·유아수 · 직위·자격별 교원현황 · 교사의 현 기관 근속연수 · 교육과정비, 방과후 과정 운영비 · 특성화 활동비 | · 유치원 회계 결산서 · 급식실시 및 급식사고 발생·처리 현황 · 환경위생관리 현황 · 안전점검 및 안전교육 현황 · 공제회 및 보험가입 현황 · 통학차량 운영 현황 |

## 4. 위치정보로 우리 집 주변의 유치원을 알아볼 수 있어요.

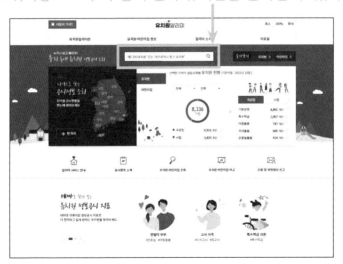

5. 유치원 이름으로 검색해서 유치원 기본 정보들을 볼 수 있어요.

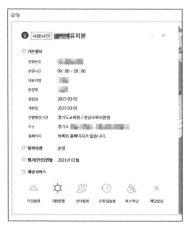

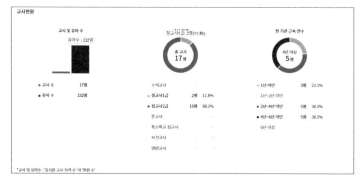

## 6. 두 유치원을 항목별로 비교해볼 수 있어요.

## 7. 원하는 정보에 따른 유치원을 검색해볼 수 있어요.

# 우리 아이 유치원 보내기

ⓒ 정유진, 2021

**초판 1쇄 발행** ǀ 2021년 12월 13일
**초판 2쇄 발행** ǀ 2022년 6월 10일
**지은이** ǀ 정유진
**펴낸이** ǀ 권영주
**펴낸곳** ǀ 생각의집
**디자인** ǀ design mari
**출판등록번호** ǀ 제 396-2012-000215호
**주소** ǀ 경기도 고양시 일산서구 중앙로 1455
**전화** ǀ 070·7524·6122
**팩스** ǀ 0505·330·6133
**이메일** ǀ jip2013@naver.com
**ISBN** ǀ 979-11-85653-83-9 (13370)